走进广州好教育丛书·好学校系列
ZOUJIN GUANGZHOU HAOJIAOYU CONGSHU HAOXUEXIAO XILIE

怡园小学建校30周年献礼！

—— 崔景华　袁超◇主编 ——

怡堂乐园

追求怡学善思的怡园小学

北京师范大学出版集团
BEIJING NORMAL UNIVERSITY PUBLISHING GROUP
北京师范大学出版社

图书在版编目(CIP)数据

怡堂乐园：追求怡学善思的怡园小学/崔景华，袁超主编．—北京：北京师范大学出版社，2019.9
(走进广州好教育丛书．好学校系列)
ISBN 978-7-303-25072-1

Ⅰ.①怡… Ⅱ.①崔… ②袁… Ⅲ.①小学教育—经验—广州 Ⅳ.①G622.0

中国版本图书馆 CIP 数据核字(2019)第 182968 号

营销中心电话 010-57654738 57654736
北师大出版社职业教育分社网 http：//zjfs.bnup.com
电子信箱 zhijiao@bnupg.com

YITANG LEYUAN ZHUIQIU YIXUE SHANSI DE YIYUAN XIAOXUE
出版发行：北京师范大学出版社 www.bnup.com
北京市西城区新街口外大街 12-3 号
邮政编码：100088
印　　刷：北京玺诚印务有限公司
经　　销：全国新华书店
开　　本：787 mm×1092 mm 1/16
印　　张：13.75
字　　数：196 千字
版　　次：2019 年 9 月第 1 版
印　　次：2019 年 9 月第 1 次印刷
定　　价：36.00 元

策划编辑：郭　翔　　责任编辑：马力敏　温玉婷
美术编辑：焦　丽　　装帧设计：焦　丽
责任校对：赵媛媛　　责任印制：陈　涛

走进广州好教育丛书

本书编委会

主　编：崔景华　袁　超

编　委：陈素彬　李　峥　罗彬彬　张惠清

《国家中长期教育改革和发展规划纲要(2010－2020年)》提出："办好每一所学校，教好每一个学生。"几年来，各地涌现出了一批好学校、好校长、好教师。总结和推广他们的经验，是推动我国教育改革和发展，提高教育质量，促进教育现代化的强大动力。广州市是我国改革开放的前沿，不仅有着深厚的文化积淀，而且在改革开放中敢为天下先，在教育领域积累了许多新经验。广州市教育局在《广州市教育事业发展第十二个五年规划》文件"办好让人民满意的教育"的要求下，决定组织编写"走进广州好教育丛书"，实在是适逢其时。这是对广州市多年来教育改革创新的一次总结，也是对广州市今后教育改革的一次推动。

根据编委会的设计方案，丛书拟从广州市1000多所中小学校、10多万名教师中选出10所"好学校"、10名"好校长"、10名"好教师"列入首批出版计划。他们有的是已有100多年建校历史，积淀了深厚文化内涵，至今仍然在不断创新中继续勃发着育人风采的老学校；有的是办学时间不长，但在全校教职工磨砺创业、共同耕耘下办出水平的新学校。他们有的是办学理念先进、充满活力、管理经验丰富的好校长；有的是师德高尚、业务精湛、热爱学生的好教师。总之，他们热爱教育事业、热爱每一个学生，创造了卓越的成绩，是好学校、好校长、好教师队伍中的典范。

当前，我国教育正处在由数量发展转向质量提高的转折点上。到2020年，我国要基本实现教育现代化。教育现代化的实质就是要培养现代化的人。教育要回到原点，立德树人，培养具有为国家、为人民服务的责任心，具有创新精神和实践能力，并且具有国际视野和国际交往能力的人才。教育大计，教师为本。我们的校长和教师要立足中国，放眼世界，转变教育观念，改变人才培养方式，促进教育现代化的进程。

我希望广州市在编写“走进广州好教育丛书”的过程中继续挖掘先进人物和新鲜经验，率先实现教育现代化。

顾明远

2016年7月

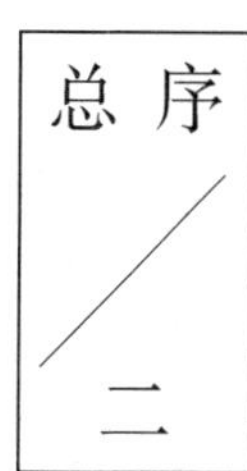

总序二

2014年的教师节前夕，我写了一篇《广州教育赋》，后来这篇文章在《中国教育报》上刊登了。在这篇赋中我有这么几句话："大信不约，好校长何止十百；大爱无疆，好老师何止百千；大成不反，好学生何止千万；大道不违，好学校就在此间。"中心意思是说，广州好教育是由十百千万的好校长、好教师、好学生和好学校共同铸成的。正是有着他们的大信大爱和大成大道，广州作为国家重要中心城市之一，在教育，尤其是基础教育方面，才能卓有建树，我们也才有可能推出一套"走进广州好教育丛书"。

在这篇序言中我想表达三个朴实的想法。

第一个朴实的想法是，一座城市的教育发展单靠一两所名校，几位名师、名校长是支撑不起来的。能够为这座城市源源不绝地提供人才智力资源的应该是有那么一大群校长、一大批教师和一大拨学校。他们形成一个个各具怀抱的优秀群落，为这座城市辈代不绝地做着贡献，那我们就要为这一个个优秀群落树碑立传。对于广州这样有着将近1500所中小学的特大型城市而言，我们特别有理由这样做。正是有着他们的大信不约(《礼记·学记》)——真正的信义不需要盟约，他们才会在每一所学校不断坚守；正是有着他们的大爱无疆——博大的仁爱无边无际，他们才会为每一个学生殚精竭虑；正是有着他们的大道不违(原为"大道无违”，《晋书·嵇康传》)——不违背教育的使命与历史发展的规律，他们才会为每一个进步中的时代进行着生动的背书。有了他们，才会有一座城市的教育；有了他们，才会有一座城市的发展。有人要问，这套“走进广州好教育丛书”出齐会有多少册？老实说，我也不能确定。这第一批推出的30册只是一个开始，但我相信，只要这座城市在发展，属于这座城市的教育大赋就一定不会有画上句号的时候，它一定会以这样或那样的形式展现出来。

第二个朴实的想法是，对于基层教育工作者来说，我们真正需要掌握的教育规律和教育法宝就那么几条，如果我们钻进教育思潮的各种主义与模式的迷宫中不得而出，那就容易忘记教育最基本的追求。几年前，广州一个区的教育论坛请来了顾明远先生，顾先生在论坛上说：“没有爱就没有教育，没有兴趣就没有学习。”我们深以为然。教育理论当然有很多，都值得我们认真学习，其他不讲，仅“因材施教”和“有教无类”两条，在我们的教育实践中是否做到了？我相信，如果我们做到了，那我们就有可能进入好教师、好校长、好学校的序列。所以，在这套丛书中，我们特别看重的是重返教育现场，讲好教育故事，今往兼顾，名特相谐。丛书所列既有杏坛前辈，也有讲台新秀；既有百年老校，也有后起名品；各好其好，好好共生。早在100多年前，广州教育就已经在现代化进程中开风气之先。比如说鼎鼎有名的万木草堂，20世纪20年代开辟新学堂；再比如说最早在广州推行开来的六三学制。在当下的教育大格局中，广州教育自然也不能落后，要有广州的好教育。

第三个朴实的想法是，好教育需要有一个好的教育生态。习近平总书记说：“我们的人民热爱生活，期盼有更好的教育。”我们要努力办好让人民满意的教育，那这个教育上的“好”应该体现在哪些方面？除了上面提到的好学生、好教师、好校长、好学校之外，好的教育生态应该是一个必不可少的要素，这其中的一个重要标志就是能够形成尽可能多的教育共识。我们组织编写这套“走进广州好教育丛书”，一个目的就是通过展示我们的教育实践来推动形成更多的教育共识：原来在我们这座城市，在我们身边，就有这些好的教育，值得我们称赞，值得我们珍惜。我们的教育要全面上水平、走前列，这行进过程中积累起来的好教育基础就是我们不断奋力前行的保证。

最后，作为这套丛书的策划者，我要特别感谢北京师范大学出版社，我仍记得三年前，时任北京师范大学副校长的杨耕同志领着北京师范大学出版社的朋友们和我们讨论这套丛书编写出版规划时的热烈情景；另外，我要特别代表广州市教育局感谢顾明远先生为本套丛书作序；还要感谢总主编吴颖民先生以及华南师范大学、广东第二师范学院、广州大学的分册编委的专家团队，正是有他们的认真组织和每一位分册作者的孜孜以求，这套丛书才得以和各位读者见面。

2016 年 7 月

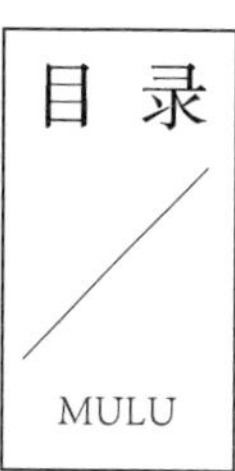

目录

MULU

第一章

怡事篇：怡园源起，历史传承

百年沧海，风云际会。巍巍黄埔，屹立潮头！

汇聚古代海洋丝路文明和当代改革开放精神的这片沃土，孕育着一代又一代精诚、质朴、开拓、创新的黄埔人。在黄埔这片沃土上，一所追求“怡心怡身，至善至美”的学校，正像一只充满朝气的雄鹰，在蔚蓝的天空中展翅翱翔。

创建于 1989 年的怡园小学，围绕“创建高品牌学校、塑造高品位教师、培养高素质学生、办成高质量教育”的宗旨，培育了一批又一批身心和谐、情趣高雅、志向远大，具有良好人文情怀的新时代人才。

今天的怡园小学，迎来了她的“而立”之年，伴着教育发展的大好机遇，师生们不忘初心、砥砺前行，朝着更加远大的目标昂首前进。

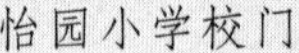
怡园小学校门　　怡园小学东校区

一、丝路溯源，孕育品性

怡园小学位于广州市东部山水相连、港城相依的黄埔区，与黄埔军校隔江相望。

几千年前，广州溺谷湾地貌的形成使黄埔成为天然良港，这为南粤广州打开了通向海洋的大门。早在公元3世纪，这里就已成为海上主港，铺设起古代中国的“海上丝绸之路”。自扶胥港扬起第一面航海风帆，黄埔这片土地从此在历史的长河中留下了深不可灭的印记。

(一)海上丝路铸辉煌

黄埔区地处广州市东部，水陆交通便利，地理环境优越，历来是华南地区对外开放的重要门户。黄埔港的辉煌历史可以追溯到距今一千多年的隋唐时期，那时广州的经济已经相当发达。当时的港口位于现在的南海神庙前面，那里水深浪静，非常适宜船只停靠，因当地古地名扶胥镇而得名“扶胥港”。公元594年，隋文帝令人在港口边建造了南海神庙，用来祭祀海神，祈求出海平安。唐代，我国东南沿海有一条叫作“广州通海夷道”的海上航路，这是海上丝绸之路的最早叫法。宋元时期，中国通过广州港与世界60多个国家有着直接的商贸往来。元代以后，扶胥港迁移到珠江上游，即现在海珠区黄埔古港的位置，更名为“黄埔港”，到了清代，港口迁移长洲岛北岸，黄埔港的名字一直沿用下来。明清时期实施海禁政策，广州长时间面临“一口通商”局面。广州港被人称为“历久不衰的海上丝绸之路东方发祥地”。

早期的广州港以黄埔港为主，它在中国的海上贸易中占据着重要的位置。唐代诗人刘禹锡曾有诗句“连天浪静长鲸息，映日帆多宝舶来”，吟咏珠江“大舶参天”和“万舶争先”的壮观景象。到了明清时期，政府实行海禁政策，只有广州还对外开放，这个时期广州就成了中国海上丝绸之路唯一对外开放的贸易大港。广州海上丝绸之路的贸易比唐、宋两代有了更大的发展，形成了空前的全球性大循环贸易，并且一直延续到鸦片战争前夕。当时来到中国的英国商人威廉·希克(William Hick)为之惊奇，感叹广州珠江的商船可以与伦敦泰晤士河的景色相媲美："珠江上船舶运行忙碌的情景，就像伦敦桥下的泰晤士河。不同的是，河面的帆船形式不一，还有大帆船，在外国人眼里再没有比排列着长达几千米的帆船更为壮观的了。"

中华人民共和国成立后，特别是改革开放以来，黄埔港进行了大规模扩建，港口由鱼珠码头附近的旧港区延伸到开发区的新沙港(又称"新港")区，发展成为仅次于上海港的全国第二大现代化港口。近年来，为了满足航运业大船化趋势对深水港的要求，广州港的主力港由黄埔港延伸发展至南沙深水港。这座千年不衰的古港，作为"海上丝路"的起点，至今延续着几千年来的蓝色海洋之梦，并将在当前国家"一带一路"倡议的鼓励下为当代"新海上丝路"的建设继续铸就新的辉煌。

(二)海洋文明育品性

海上贸易的发展促使人们不断地从异质文化中汲取营养，海上贸易呈现出多元特征。受到海洋文明的影响，黄埔人形成了包容、合作、进取、创新的品性。海洋是美丽的、辽阔的，拥有博大的胸怀，但它又是神秘而凶险的。在海洋上，遇上疾风狂澜，人们必须有合作共济的精神，互相协助才能共渡难关。海洋充满未知，充满挑战，人类在探索海洋奥秘的过程中逐步形成了创新进取、勤劳拼搏的精神和放眼四海的广博胸怀。受海洋文明熏陶的人更容易接受外来文化，更有多变性与包容性。海洋连接着整个世界，是一个比大陆更为自由和无界限的世界，深受海洋文明影响的黄埔人有着更广阔的视野与宽广的胸怀。

这些在怡园小学的办学过程中有明显的体现，学校一直注重引进外来优秀人才与先进的教学方法，注重教师的外出学习提升，注重汲取外来文化的优秀思想。同时，怡园小学也注重引导师生走出国门，开阔视野。正是这种包容、合作、进取、创新的品性，使得怡园小学在三十年的办学历程中不断进取，不断创新，创下佳绩。

近几年，随着广州市"东进"战略的深入发展，随着原黄埔、原萝岗两区合并，新黄埔迎来了新的发展机遇。在"打造广州东部教育高地"这一目标的引领下，在"多元化、集团化、国际化、信息化"四大举措的铺排下，新黄埔的教育事业迎来了难得的大好时光。新黄埔的规划与发展，对于该区来说是个绝佳的发展机遇，对于怡园小学而言，更是如此。

"潮平两岸阔，风正一帆悬。"新一代"怡园人"必将凝神聚力，团结奋进，不负今日。

（三）黄埔精神树校魂

黄埔军校是孙中山先生在中国共产党和苏联的积极支持和帮助下创办的，是第一次国共合作的产物。作为中国近代史上第一所培养革命干部的新型军事政治学校，其影响之深远、作用之巨大、名声之显赫，都是空前绝后的。

黄埔军校建立以来，以孙中山的"创造革命军，来挽救中国的危亡"为宗旨，以"亲爱精诚"为校训，以"培养军事与政治人才"为目的，组成以黄埔学生为骨干的革命军，武装推翻帝国主义和封建军阀，完成国民大革命。

黄埔军校一方面积极推行孙中山先生的三民主义教育，另一方面介绍了马克思列宁主义思想。黄埔军校采用军事与政治并重、理论与实践结合的教学方针，为中国革命培养了大批军事政治人才。广大黄埔师生在反帝反封建、争取国家统一与民族独立的斗争中立下了赫赫战功，为中国革命做出了重大贡献。

随着岁月流逝，黄埔军校离我们越来越遥远了，但其留下的黄埔精神仍有着广泛的号召力和不朽的生命力。黄埔精神体现在多个方面，包括在艰苦中奋斗的创业精神，刻苦努力的学习精神，一心一意为国家奋斗的革命精神，活泼的、主动的作战精神，但最本质的、最根本的黄埔精神就是爱国主义精神。

作为黄埔区的一所学校，我们学校不能丢弃黄埔军校留给我们的宝贵精神财富，更不能忘记教育肩负着“中华民族伟大复兴”的使命。将“爱国、奉献、担当”的黄埔精神一脉相承，是我们每一个“怡园人”义不容辞的责任。

二、怡园立校，顺势崛起

《礼记》有云：“建国君民，教学为先。”中国人自古深谙教育在建国利民上的重要性。“出没风波里”的生活使他们深刻认识到生活之不易，明清时期外国商人的到来，激起了他们开眼看世界的欲望。黄埔人开始思考差距，开始憧憬未来，开始谋划教育发展大计。

1978 年 12 月，改革开放的春风吹拂了中国大地，给干涸的大地带来了绿色的希冀。中国实现了从封闭和半封闭到全方位开放的伟大转变。通过相互学习，人们的思想更加解放，视野更加开阔，开放意识和创新能力有了很大提高。

改革开放的浪潮给广州社会和黄埔民众带来了巨大冲击和观念上的革新。在“知识就是力量”“科学技术是第一生产力”的号召下，人们不仅希望孩子能够接受教育，而且迫切希望孩子能够接受优质的教育。

20 世纪八九十年代，我国教育进入了重要的发展阶段。

1986 年 7 月起施行的《中华人民共和国义务教育法》在保障适龄儿童、少年接受义务教育的权利，保证义务教育的实施，提高全民族素质方面起着至关重要的作用。义务教育有一个重要的性质——强制性，又叫义务性，即让适龄儿童、少年接受义务教育是学校、家长和社会的义务。家长不送学生上学，家长要承担责任；学校不接受适龄儿童、少年上学，学校要承担责任；学校不提供相应的条件，也会受到法律的规范。法律的约束在很大程度上保障了儿童、少年的受教育权利。

1993年2月，中共中央、国务院在总结广大教育工作者改革实践经验的基础上制定发布的《中国教育改革和发展纲要》中指出，中小学要由“应试教育”转向全面提高国民素质的轨道，面向全体学生，全面提高学生的思想道德、文化科学、劳动技能和身体心理素质，促进学生生动活泼地发展，办出各自的特色。

在时代发展、义务教育和素质教育的多重要求下，同时伴随着突飞猛进的经济发展和人口增长，黄埔区的学位出现了供需失衡的情况。黄埔怡园小区的建成，带来了一大批适龄儿童。为了解决怡园小区适龄儿童入学的问题，黄埔区委区政府决定在小区建立一所全日制公办小学。于是，一所区教育局直属的公办小学——怡园小学应运而生。著名书法家董振中题写了校名，沉稳娴熟的笔法之间，寄托着对怡园小学的祝福与希冀。

在区委区政府的科学决策与大力支持下，怡园小学于1989年正式成立，占地面积10408平方米。当时有教职工30多人，学生900多名，教学班16个。当时最流行的“三机一幕”“七室一场”在建校两三年之后一应俱全，设备设施精良，各专用室场齐全。怡园小学很快成为黄埔区乃至广州市有名气的学校。

“七室一场”中的科学实验室

标准室内游泳馆

先进的电视演播室

在冯咏韶校长的带领下，“一流的校园环境，一流的教学设备，一流的教师队伍，一流的教育质量，一流的学校管理”成为学校的发展目标。1994 年，怡园小学被评为广东省首批省一级学校。著名国际友人陈香梅女士曾两次到怡园小学参观。此后，学校不断扩大办学规模，为黄埔区人民不断增加优质学位，逐渐成为省、市知名学校。

(一)踌躇满志奠根基

1989 年 7 月—1997 年 8 月，是怡园小学的艰苦创办期。将近十年的艰难历程，每一步都走得无比艰辛，却也无比踏实。万丈高楼平地起，在冯咏韶校长领导下的“怡园人”为学校的发展奠定了良好基础。翻开广州市黄埔区的区县志，里面赫然记录着这么一句话：冯咏韶，于 1941 年 7 月生，是黄埔区怡园小学校长，执教 30 年，硕果颇丰。

1989 年，冯咏韶服从分配，担任了怡园小学的第一任校长。这位当了多年一线教师的新校长，站在这个崭新的校园里，感受到无比沉重的压力，却也十分自信。她说过，怡园小学得到区里的支持、教育局的重视，接收了一批年轻、专业、有水平的教师。其他好的资源，区、局也尽可能地向怡园小学倾斜。因为他们希望把怡园小学办成黄埔区的窗口示范学校。当时区委书记问她：“几年能出成绩?”她斩钉截铁地说：“五年!”书记说：“不行，三年!”这份希冀，对于冯校长而言，是压力，更是信任。有了坚强的后盾，即使欠缺当校长的经验，她也自信能办好怡园小学。带着这份从容与自信，冯咏韶校长在怡园小学的故事开始了。

1. 分级管理，责任到人

如今七十多岁的冯校长，思路依然清晰。谈起怡园小学，她有说不尽的话。第一次当校长，很多东西她都不懂，急不来也急不得。她说，“踏实做现在”才是一切工作顺利进行的根本。简简单单的五个字，做起来并不容易。从顶层建设到学校个体，她都得安排妥当。

冯咏韶校长

（1989 年 7 月—1997 年 8 月任职）

学校初创，制度建设一片空白，没有现成的经验可以继承。但是一个学校要井然有序地开展教育工作，必须有清晰有效的制度大纲。没有终南捷径，她只能通过踏实学习来自我建构。她到广州其他学校以及深圳、佛山、北京等地的优秀学校调研学习，取其精华，为我所用，最后形成了怡园小学制度建设方面的基本框架。其中，影响最深远的便是“分级管理”“责任到人”这两项制度。在学校管理层面，各项任务以“学校—主任—管理处—总务处—工会—年级—科组”的层次进行管理实施，明确责任，落实到人。学生管理层面，各项任务以“大队长—中队长—小队长—班长”的层次进行管理实施。该做的事情不可缺席，该负的责任不可推卸。在这些制度的要求下，学校工作有序开展，既鼓足了教师的干劲，又发挥了学生的积极主动性。

说起“责任到人”制，冯校长当年的助理袁美琪主任说，学校非常注重培养学生的责任意识，会明确各组织的分工。少先队大队主要发挥统筹指导作用，中队学生自己写活动方案，班干部平时负责管好班级纪律，学生自己管自己。有岗有责有检查，学校会按时检查每个岗位的工作，奖罚分明。

“踏实做现在”，是冯校长对自己的要求，也是对全体“怡园人”的要求。对教师的教学教研工作，冯校长的要求是严谨专业。教师要严于律己，谨慎教学。严于律己，就是要求教师严格要求自己，在专业上精益求精。

新教师要多观摩经验丰富的教师的课堂，学习课堂调控和知识传授的优秀技巧。为了让新教师尽快适应教学工作，学校实施“以老带新”的帮扶制度。新老师要虚心向老教师学习，老教师要无私耐心地指导新教师。在这样的制度下，新老教师一起成长，共同进步。

老教师要在反思中求新求变，时刻保有一颗学习的心，与时俱进。“以前是一支粉笔一本书，电教进课堂之后，我们这帮老教师没学过计算机，开始很不适应，但是为了适应时代发展的需要，我们主动去学习实践，后来对电教设施都能运用自如了。”一位退休教师如是说。

为了检查教师的教学情况，冯校长说，一个学期，她可以听三十几堂课。受冯校长坚持不懈的听课行为的影响，怡园的新老教师经常相互听课，切磋教学技能。

2. 不设留级生，向课堂要质量

极具实干精神的“怡园人”，以自身的行动践行着冯校长“踏实做现在”的管理制度。在教学上，“怡小”教师勤奋实干，向课堂要成绩。

20世纪八九十年代，幼儿教育尚不普及，学生的素质参差不齐。一般情况下，每所小学都会有留级生。有多年从事一线教学工作经验的冯校长认为只要教师用心教，学生用心学，留级状况就肯定能消除。就任怡园小学校长时，冯校长给自己和全体师生定了个目标：不设留级生，提高升学率。

为达到此目标，“怡小”的教师多方研究，集体备课，互相学习，努力提高教学水平，提升教学质量，让学生在课堂上掌握学习方法，学会触类旁通，融会贯通。“怡小”的教师信奉“有教无类，因材施教”的教学原则，公平对待每一名学生。对于成绩好的学生，教师会相对提出更高的学习要求。对于学困生，科任教师常常利用课后的时间免费给他们补习功课。教师用心，学生上进，二者相辅相成，升学率提升是水到渠成的事情。

3. 以身作则，不做甩手掌柜

“踏实做现在”，“怡园人”还有另一番诠释：以身作则，不做甩手掌柜。

袁主任说，在卫生管理上，学校没有专门的清洁工，整个校区的卫生都是靠教师和学生保持的。为了营造干净整洁的校园环境，树立学生的劳动意识，学校划分了若干个“包干区”，哪个班级负责哪块区域的保洁工作，都有明确的要求。教师要以身作则，学生亦不可推卸责任。在这样的要求下，教师明确责任分工，认真履行校园保洁的职责。用袁主任的话说就是，连厕所都是教师带着学生去打扫的。教室里的门窗、风扇都是教师带着学生抹干净的。不夸张地说，就连学校盆栽上的灰尘都是师生一点一点擦掉的。

怡园小学作为黄埔区的窗口学校，课外任务很重。每年的“国检”，都要动员全校师生整理校园。偌大的校园要达到“国检”的要求，靠的是每一位“怡园人”无数次的弯腰、无数次的动手。学生在干，教师在干，领导也在干，没有一个人私自走掉。“怡园人”深谙这样的道理：领导、教师以身作则，才能发挥每一分子的积极主动性。

冯校长说她对教师还有一个要求，那就是廉洁。为了形成一股廉洁的风气，冯校长以身作则。她说自己每天都会等天黑了才回家，一是因为学校工作任务重，二是想躲避到家里送礼的家长。她为人有原则，认为只要自己身子正，就不怕家长也不怕领导的指责。年轻教师刚来，不理解她对廉洁的要求而收受家长礼品的，她统统要求还回去。拿人一个柑，都会被传成一块金。她坚决不让这种事情发生在怡园小学。

英国历史学家卡莱尔(Thomas Carlyle)说：“要迎着晨光实干，不要面对晚霞幻想。”第一代“怡园人”在冯校长的领导下，踏实做好每一件事情，为把怡园小学建成黄埔区的窗口学校做出了可圈可点的成绩。

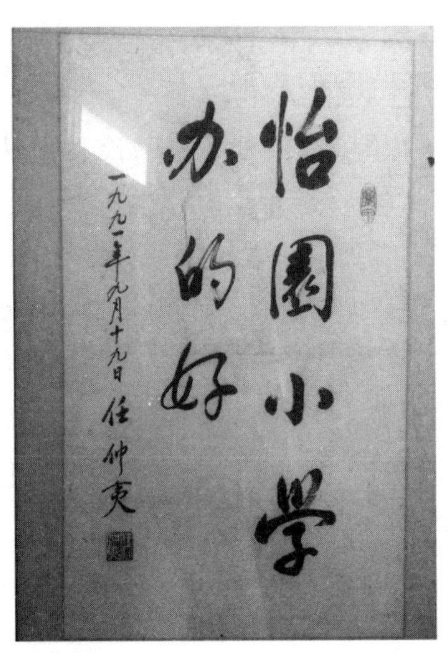

中共广东省委原第一书记任仲夷先生
到校题词(1991 年 9 月)

(二)厚积薄发蓄能量

1997 年 8 月—2004 年 8 月，怡园小学的发展迎来了一个新的发展期——沉淀期。这是以王晋荣、关希玮两任校长为领导的新时期，怡园小学进入了积淀能量的关键节点。

王晋荣校长
(1997 年 8 月—2002 年 7 月任职)

关希玮校长
(2002 年 8 月—2004 年 8 月任职)

经过十年的发展，怡园小学以优雅的教育环境、先进的办学理念、现代化的设备设施、高素质的教师群体、丰硕的科研成果赢得了社会各界的瞩目。学校初步形成了“以德育为先导，以科研为依托、以培养学生现代化优秀素质为重点”的办学思路。在王晋荣校长的带领下，学校承担了全国教育科研“九五”规划课题的子课题“现代教育技术促进小学生自主学习能力的提高”的实验，并被教育部评为全国现代教育技术实验学校。

“现代教育技术促进小学生自主学习能力的提高”的实验现场

学校先后获得广州市教育系统先进单位、广州市红领巾示范学校等称号。国家级教育科研课题项目的子课题的实验研究“开设电影课促进小学生综合素质的提高”在怡园小学进行。

进入21世纪，在关希晞校长的带领下，怡园小学进一步强化特色，以特色立校，以特色强校，在促进学生全面发展的同时，提倡彰显学生的个性，并取得了优异的成绩。学校先后被评为黄埔区首批“英语、艺术、体育”特色学校，精心打造出了“怡小”的品牌。同时，学校继续加大科研的力度，成为全国教育科学“十五”规划教育部重点课题的实验学校，为教育强区的建设增添了亮点。

全国电影课题组在演播室挑选电影播放给学生观看

广东省体育课程实验研讨会暨实验课题研究中期总结会

2003年成立广东省第一支小学生国旗护卫队

全国十佳特色小队——“小天鹅小队”

全校参与的体育大课间活动

关校长主张赏识教育和体验式教育模式，在怡园小学展开了大胆的探索。为文章写得好的学生出书、办签售会，为有美术天赋的学生办作品展览等，这些极具鼓励和教育意义的赏识教育行动，无不彰显关校长的教育主张。开发“米罗来了”喷画、蓝色文化圈、电影鉴赏等校本课程，让学生真正走出教室，亲近自然，走进社会，用眼睛去观察大千世界，用双脚去探索未知，用双手去创造可能，这些体验式教育课程使学生的学习与生活真正联系起来了，也使得学生的眼界变得开阔了。

三、砥砺前行，发展壮大

珠水汤汤，江潮涌涌，每一层波涛，每一朵浪花，都述说着一个个动人的故事。为了响应国家教育改革的号召，适应黄埔教育发展的新要求，在黄埔区委区政府的大力支持下，怡园小学于 2011 年 9 月迎来了新的发展契机——怡园小学东校区正式开学。

2017 学年，学校有标准教室 66 间，专用教室有美术室、音乐室、电脑室、自然实验室、舞蹈室、体育综合室、综合实践探究室、图书室、多媒体电教室、荣誉室、会议室、档案室、演播室、队部室、体育器材室、心理咨询室、恒温游泳池等共 39 间。学校还拥有 200 米的多功能环形运动场，图书室共有藏书 71943 册。良好的办学条件为学校的规范式、内涵式发展打下了良好的基础。

学校2017学年有教职工170人。教师的业务能力强、整体素质高、文化底蕴厚，专任教师学历达标率为100%，高级教师5人，多位教师被评为省、市、区优秀教师，先进教育工作者或南粤教坛新秀。学校行政班子配备合理，个个踏实肯干。从日常管理到教学实践，一切都有条不紊地进行着。务实求真的领导班子，优秀的教师群体为学校的可持续发展提供了强有力的保证。

另有怡瑞小学，是由怡园小学派出的精英团队于2016年9月创办的。基于怡园小学成功的办学实践及其在黄埔区教育窗口学校的重要地位，区教育局要求怡园小学探索集团化办学，因此，筹建怡园教育集团蓄势待发。

学校坚持走素质教育之路，着眼于学生素质的全面发展，注重学生的个性发展。多年来，"怡园人"努力促进学生"共性培养与个性发展"的和谐统一，秉承学生全面发展与学校特色铸造的办学理念，取得了一项又一项成绩，得到了社会各界的广泛赞誉：广东省首批省一级学校、广东省英特尔未来教育项目示范基地、广州市首批特色学校、广东省红领巾示范学校、全国教育技术实验学校、全国少年军校示范学校、全国红旗大队……

珠江之水奔腾不息，黄埔港上风帆远扬。矗立于珠江潮旁的怡园小学，在珠水勇敢、坚强精神的浸染下，继往开来，奋勇向前，书写着南粤义务教育的新篇章。成长中的怡园小学，像一只充满朝气的雏鹰，在祖国蔚蓝的天空中展翅高飞。

（一）开拓进取谱华章

经过前面的开拓和沉淀期的努力，怡园小学在2004年9月—2016年4月，进入了高歌猛进的发展壮大期。此时，以崔景华校长为领导的行政班子起到了承上启下的重要作用。在区委区政府的关怀下，崔景华校长以科学的发展观为指导，沿着规范化管理路线，带领怡园小学全体教师全面推进素质教育，向内涵发展的道路迈进。学校着眼于学生素质全面发展的同时，注重发展学生个性。在教育教学、教科研、艺术、体育、科技、环境教育等方面积极进行改革，构建了更优质的办学模式。

在这里，我们不得不提起崔景华校长这一关键性人物。

崔景华校长
（2004 年 9 月—2016 年 4 月任职）

崔景华，2010 年度全国教育影响力人物、杰出教育工作者、广东省南粤教书育人优秀教师、广州市优秀教育工作者、广州市第十三届人民代表大会代表、中共广州市第七届党代会代表、广州市督学、黄埔区督学、黄埔区教育系统人才培养工程第一届“名教师”……自 2004 年担任怡园小学校长一职到 2016 年退休，崔景华校长在怡园小学辛勤耕耘，带领着怡园小学不断开拓创新、发展壮大。

崔景华校长是一个教学经验十分丰富、教学功底十分深厚、教学理念十分先进的人。她是黄埔区首批名师工程中唯一一位小学语文名教师。担任怡园小学校长之后，她以高度的责任心，认真学习教育管理理论，不断充实自己，不断提升自身的综合素质，很快完成了从一个名教师、一个局教研室的领导到一个校长的过渡。

她坚决摒弃急功近利的思想，以科学的发展观和正确的政绩观为指导，做了大量调查研究，实事求是制订了切合学校实际的办学目标、办学策略，积极探索学校的和谐与可持续发展之路。

1. 以人为本，激发内部活力

崔校长就任怡园小学校长之初，便从教师队伍建设入手，着重于激发内部活力，在刚性的制度管理中渗透人性化的管理措施。这得到了教职员工的普遍欢迎，也慢慢地打开了其工作局面。她尊重教师，爱护教师，处处以人为本，与人为善，不吝于做大量而细致的观察、调研和思想政治工作，解开了老师们的心结，激发了老师工作的主动性和积极性。

同时，崔校长还处处严格要求自己和整个行政领导班子，做老师的表率。优化工作作风，有力地激发了老师的工作热情。崔校长努力探索老师的专业发展之路，让老师将自己的个人发展和学校的发展结合起来，“外树形象，内强素质”，为每一位老师搭建专业发展的平台，从根本上调动了老师的内在发展需求，营造了浓厚的教师专业成长氛围，思想、作风、制度都不断得到优化，这有力地激发了学校内部活力，为学校的发展提供了最强的动力。

2. 优化办学目标，致力于学校的可持续发展

崔校长以自己扎实的专业素养为依托，以大教育观为指导，将学校置于较高的起点上，既不好高骛远，又不妄自菲薄，综合考虑学校的各种因素，制订学校的办学目标，体现了“高”“新”“实”“活”的特点。学校的办学目标充分考虑将学生的个性特长和共性知识的融合，考虑了教师的专业发展和学校的可持续发展的关系，考虑了学校短期发展和长期发展的衔接，让学校逐步进入良性循环的发展轨道，学校的办学实力不断增强，办学效益明显提高。

怡园小学先后被定为广东省中小学校长培训实践基地、广东省中小学教师培训实践基地、广东省英特尔未来教育项目示范基地等。在广州市的质量抽查中，怡园小学在同等级别学校中均取得领先的成绩。师生获奖捷报频传，在黄埔区中小学教学评奖中，连年被评为一等奖。

怡园小学成为广东省校长、教师培训实践基地

怡园小学成为广东省英特尔未来教育示范学校

3. 弘扬正气，严于律己

崔景华校长严于律己，廉洁奉公，深受怡园小学老师的尊敬。她认真学习政治理论，深刻领会教育局的工作部署，在工作中实事求是，将群众的利益摆在前面，将学校的利益摆在前面，从不为自己谋求任何私利。

首先，崔校长能做到“以行动服人”。在教师的眼中，她非常低调，不搞排场，不摆架子，不任人唯亲，不讲报酬，被称为“四不”校长。

其次，她兢兢业业，任劳任怨，处处起表率作用。2009 年 4 月在体检中，崔校长被检查发现体内有个体积较大的肌瘤，需要马上做手术，不做就会有病变的危险。但崔校长考虑到距放假还有两个月的时间，如果马上做手术，术后要休息两三个月才能上班，这会耽误学校很多工作。她考虑到自己是一校之长，不能扔下工作不管，于是让医生开了控制肌瘤生长的中药，每天坚持吃中药，一直到放暑假了才去做手术。手术后，医生嘱咐她要休息三个月，一定得等完全恢复了才能上班，否则会留下后遗症。那时，年近 50 的崔校长，手术后不到一个月就开始上班了。她不是不听医生的话，也不是不懂后果的严重性，而是责任心和使命感促使她不顾一切回归工作岗位。刚开始的一段时间，教师们会经常看到校长疲惫不堪、面容憔悴的样子，大家都劝她多休息一段时间，可是她总是笑着说：“我会注意休息的！”她仍然每天最早到校，最晚回家。她每天和教师一起在校门口值日，到教室巡视、听课，还和教师一起参加教研活动，坚持“坐镇教学指导中心”。在崔校长的言传身教之下，教师们爱岗敬业，少了浮躁之气，多了扎实之风；少了“娇骄二气”，多了吃苦耐劳之风。几年来，教师队伍的精神面貌越来越好，工作积极性也越来越高，整个校园内都弥漫着一股积极向上的正气。

再次，她不摆架子，做教师的良师益友。崔校长平易近人，愿为教师排忧解难。教师们都乐于亲近她，有什么心里话都乐于跟她说。在教师们心中，她不仅是领导，而且是良师益友。无论哪一位教师遇到了困难，她都会尽自己最大的能力给予帮助。崔校长尊重每一位教职员工，从不对任何一个人发脾气，以理服人，以情动人，营造了和谐的校园氛围。

最后，崔校长坚持上课，带头上公开课。虽然行政工作十分繁忙，但她仍然坚持上课，严格遵守教学管理制度，做到按学校规定备好课、上好课，精心设计作业，从不缺课，即使因工作需要不能上课，也事先调好课，做出妥善的安排。在崔校长的带领下，学校行政班子成员都坚持承担主科教学工作，勇挑重担。领导班子的工作作风明显转变。教师们从以前不愿意上公开课到主动要求上公开课，从不愿参加课题研究到主动参加，形成了浓厚的积极钻研的氛围。

经过崔校长和行政团队的努力，在区委区政府的大力支持下，2006年一栋六层的教学楼全面竣工、交付使用。新教学大楼的设计以人为本，体现了现代建筑的风格，色彩淡雅，宽敞明亮，视野开阔，外形美观宏伟，与楼前的树木交相辉映，优美和谐，呈现出一幅幽雅怡然的校园景观。教学楼的教室全部安装了电风扇、日光灯、铝合金窗等设备设施。大楼内设有12间学生教室和750平方米的体育馆，美术室、综合实践室、科学实验室各两间，电脑室四间，此外低中高年部的图书馆深受学生的喜爱。在设备齐全的教学大楼中，学生们快乐学习，健康成长。

新教学大楼——怡成楼

2011 年，怡园小学又增添了一个新校区——怡园小学东校区。

东校区操场

到 2012 年，怡园小学已经由原来的 24 个教学班增加到了 44 个教学班。在崔校长的带领下，怡园小学的教育教学质量稳步提升，教学科研更加富有实效，校园文化建设更加有声有色，教师群体更加团结向上，学校氛围更加和谐有序，在各方面都有了质的飞跃，真正展现了广州市黄埔区窗口学校的风采。

在科学化、规范化、人文化的管理下，学校先后被评为广东省中小学校长、教师培训基地、广东省英特尔未来教育项目示范基地、广东省基础教育课程改革加强未成年人思想道德教育实验研究学校、广州市巾帼文明岗等，同时一大批骨干教师成为市区的学校领导或教学能手。

(二)传承发展谋新篇

2016 年 4 月，怡园小学迎来了第五任校长，也是办学历史上的第一位男校长——袁超。

袁校长是黄埔区教育系统一位工作经历丰富的新校长。说他工作经历丰富，这一点毫不夸张。从庙头小学、沙步小学、荔园小学、下沙小学到怡园小学，他先后在区内多所小学任教，担任过语文教师、班主任、教导主任、副校长、工会主席、支部书记等职，并曾参加广州市对口援疆工作，到新疆维吾尔自治区喀什市疏附县第二小学支教一年半。在较长一段时间内他在黄埔区教育局教研室工作，担任小学语文教研员、教研室副主任，也有好几年在区教育局党政办公室、教育评估中心、教育督导室等部门工作，还曾被抽调到黄埔区委组织部担任督导组成员开展党的群众路线学习教育实践活动一年。从教二十几年来，从一线教师到教研人员，从教学业务到行政管理，从副手协作到部门负责，直到担任怡园小学校长，这位校长在长期的工作实践中积累了丰富的经验。

袁超校长
（2016 年 4 月至今任职）

袁校长是一位高高瘦瘦的中年男子。谈笑间，他总能给人一种如沐春风的舒适感。儒雅中透露出来的温和，让人很难把他跟“雷厉风行”“心思缜密”这样的词语联系在一起。

也许是在教育局多年从事教研和督导评估工作养成的职业习惯，在开展工作之前，他都习惯并善于就服务对象进行全面而深入的调研。因为他深谙“知己知彼，百战不殆”的道理，所以任何事情，他都尽可能做到心中有数、有计可施。

1. 接力薪火相传

袁校长对怡园小学的办学现状做了深入了解，分析了学校区域特征、发展资源和业绩成果，认为“平台大”“基础好”“机遇佳”是怡园小学现阶段最突出的发展优势，但也存在着一系列问题，如教师缺编、干部缺员、规模扩展快、发展不均衡等。怡园小学自 1989 年建校以来，一直以“高定位、高起点、高效益”著称，坚持走素质教育之路，致力于探索优质教育，在历任校长和全体教师的共同努力下，在各级领导的关怀和社会的多方支持下，学校的发展熠熠生辉。怡园小学已经打下了扎实的基础，积累了深厚的底蕴，形成了特色和品牌，取得了辉煌的成绩。然而，快速发展中的怡园小学，面临原两区合并之后新的教育形势，依然存在很多困难和不足。学校基础设施比较落后，办学条件有待改善。就教师队伍而言，因学校连年扩班，规模越来越大，东、西两个校区，加上新建怡瑞小学，学校需调出多名行政干部和骨干教师，这造成师资和干部缺口增大，教师缺编情况严重，力量显得相对不足。2016 学年，怡园小学教师新进 25 人，调出 10 人，离职 5 人，东、西校交流 12 人，临聘教师多达 31 人，人员流动较大，岗位变动较多，队伍不够稳定，不利于学校教学管理工作的稳步推进。东、西校区在人力、物力资源和生源上都存在着较大的不均衡性，这对学校的整体发展形成制约。随着新黄埔区行政中心的转移，怡园小学原有的办学优势有所减少，面临全区教育资源优化整合、全区各类学校百花争艳的新局面，需要重新树立和巩固自身的品牌学校形象。

一位好的将帅从来不打没准备的仗。在接到调任通知后，袁校长便对怡园小学的办学历史和发展现状进行了调研和思考。即使是在学期中途接班，这位工作经验丰富的新校长也并没有感到彷徨和无措。在新、老校长交接的当天，在就职讲话中，袁校长就为其接任后的学校工作做出基本定位——“萧规曹随，按部就班；循序渐进，传承发展”。他接着用一句话阐释，就是“维持平稳安定，保持现有基础，坚持教育规律，持续协调发展”。

薪火相传，继往开来。袁校长很快进入工作状态，工作很快步入正轨。怡园小学积极贯彻落实区教育局“优将、优师、优生、优教、优境”五优工程计划，遵循黄埔教育“融合—拓展—提升”三步战略，制定系统、可行、有效的工作方案，重点开展文化建设、制度建设、课程建设、队伍建设、基础建设和智慧校园建设，着力打造平安校园、书香校园、智慧校园和生态校园，为教学质量的全面提升奠定基础，为办学品牌的全力创建创造条件。

2. **拓展文化品牌**

2013年，怡园小学申报为广州市首批义务教育特色学校，特色课程被命名为“怡心怡身，乐学善学”，学校形成鲜明的“怡文化”特色。2016年秋季，结合黄埔教育新形势，学校新一届领导班子确立了“文化引领，品牌拓展”战略，提出在传承的基础上进一步发展，将“怡文化”特色上升为“怡文化”办学思想，全面构建科学完善的学校顶层文化体系。

怡园小学结成文化建设核心团队，邀请教育专家全程指导，发动全校师生、家长共同参与，围绕“怡文化”内涵深刻解析，结合办学历史深层梳理，利用地域资源深入挖掘，在将近一年的时间里充分调研、论证，广泛征集、评选，不断提炼、升华……2017年2月，结合学校文化建设工作，在教育专家的指导下，在全体教师、学生、家长、教育界同行和社会热心人士的支持下，学校组织开展了“一训三风”(校训、校风、学风、教风)的设计征集活动，经过广泛征集评选、反复研讨论证、投票征求意见、精心推敲提炼，6月19日正式确定怡园小学“一训三风”设计方案。一套博采众家之长、凝结集体智慧的顶层文化设计正式公布，将学校品牌建设带到一个新的高度。

2017年秋季学期，办学理念新主张，育人目标新指向，品牌行动新举措，怡园小学在“怡文化”办学思想的统领下扬帆启航，努力培养具有“黄埔精神、家国情怀、国际视野”的“怡美少年”，全心全意用爱和智慧营造师生共同成长的“怡园”。每一位怡园学子将时刻铭记“怡养正气，园育英才”的校训，认真发扬“乐学善学，至知至行”的学风，立志成为“怡心怡身，至善至美”的英才！

3. **传承继往开来**

随着新黄埔区成立，区委区政府加大教育投入，区教育局加强重点支持，怡园小学不断加快建设步伐，夯实办学基础，近几年高质量完成了运动场改造、体育馆改建、校舍维修、设备采购等建设项目。

2017年4月24日，怡园小学隆重举行了场馆改造启用、青少年体育俱乐部启动暨2017年春季运动会开幕仪式。大礼堂、多功能厅、运动场、美育创课室、特教资源室、陶艺馆、教工食堂等八个场馆场室建成并启用，学校设施设备更加完善，校园环境更加优美。

2017年9月28日，怡园小学精心筹办了纪念孔子诞辰塑像落成暨成童开笔礼活动，全校师生向至圣先师孔子行三献礼，引导孩子向父母行三拜礼、向教师行拜师礼，全体三年级学生举行成童开笔礼，朱砂点志、书写“敬”字，将尊师重道的传统礼仪与立德树人的时代要求结合，激励怡园学子珍惜大好读书时机，坚实走好人生的每一步。

2018年2月26日，在春季开学典礼喜庆热烈的氛围中，怡园小学东校区新校门建成启用，东校区书法馆、队部室、特教资源室等场室的改造也相继完工，校园绿化美化面貌更新，运动设施进一步完善，东校区学生的学习环境越来越好。

2018年7月1日，在区教育局主导下，怡园小学顺利接管原泰景中英文小学，成立怡园小学北校区。经过紧锣密鼓的筹备工作，北校区在暑假里修葺一新，9月3日举办开学典礼，北校区正式揭牌。至此，怡园小学拥有三个校区，92个教学班，4000多名师生，学校在一体化管理、集团化办学的道路上开启了新的征程。

2018年7月怡园小学北校区开办1

2018年7月怡园小学北校区开办2

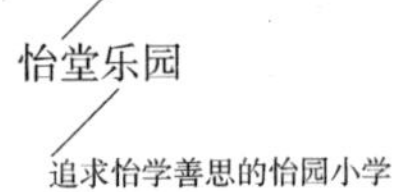

回望怡园小学走过的悠悠岁月，时光之流映出的是那坚毅中透露着智慧的脸庞。一所自诞生开始便广受关注且发展迅速的学校，回溯发展之源，自然是“以人为本”。正是那一个个不畏艰难、敢于挑战、勇于变革的“怡园人”，带领着怡园小学一路高歌，见证着怡园小学的一路收获！

一路前行的怡园小学，经历了 1989 年 7 月—1997 年 8 月的创办期(冯咏韶校长)，1997 年 8 月—2004 年 8 月的沉淀期(王晋荣校长、关希玮校长)，2004 年 8 月—2016 年 4 月的发展壮大期(崔景华校长)，并在不断扩大规模、不断丰富内涵的现代化进程中，昂首迈进品牌拓展期(袁超校长)，继续谱写新篇章。30 年寒来暑往，对于一个人而言，年岁长了，容颜变了，但依旧不忘初心。对于怡园小学，亦是如此。三十而立的怡园小学，生命如歌，风华正茂，更当砥砺前行。

五任校长合影

第二章

怡人篇：善教乐学，至精至诚

三尺讲台，三寸舌，三寸笔，三千桃李；

十年树木，十载风，十载雨，十万栋梁。

在怡园小学，有这样一群人，他们默默耕耘在小学教师的岗位上，长达十几年甚至几十年，他们迎来了一批又一批孩子，送走了一届又一届学生。桃李不言，下自成蹊。作为教学经验丰富的老教师，他们为社会培育出了明日栋梁，他们用热情和执着，为怡园小学增光添彩！

一、教书育人，成就自我

学高为师，身正为范。教书育人是一件快乐的事情。“怡教”之于怡园小学，是洋溢在每一位教师脸上的笑容，是荡漾在每一位教师心头的涟漪。同时，教书育人也是一项艰巨而伟大的工程，要做好这项工程，既需要教师具备高水平的专业知识，又需要教师具有高尚的师德。“用心做教育”是怡园小学的实践标准。但是要真正把这句话落到实处，需要多方面统筹兼顾，其中很重要的就是要有一支好的教师队伍。

(一)时雨春风展师颜

丹心热血沃新花，粉笔无言写春秋。在自己的“一亩三分地”上，怡园小学的教师犹如辛勤的园丁，不舍昼夜地耕耘着，奉献着，静待花开。时光在静静地流淌着，一年又一年，有跌宕起伏的历练，也有无所惊奇的凡常。

师者，所以传道，授业，解惑也。作为教学经验丰富的老教师，他们为社会培育出了明日栋梁；他们用热情和执着，为怡园小学增光添彩。他们，最美最可爱！

1. 专业·求新之路

读万卷书，行万里路。教师永远是一个行者，一个乐于学习、实践、研究、创新的行者。在教育的路上，怡园小学的教师十分重视提高个人专业能力和教学教研水平。他们用踏实、敬业的态度，不断更新着教学方法和理念，不断提升自身的内在修养，向着专业化、创新型教师的方向努力。

于淑芳：动之以情，晓之以理

于淑芳，从教40余年，当了39年的班主任，从一名普通教师成长为广州市教学骨干、优秀辅导员，南粤教书育人优秀教师，她的从教经历被载入了《黄埔志》。她撰写的论文《严与爱》在论文比赛中荣获二等奖。于老师生于东北，长于东北，任教于东北。由于丈夫工作调动，她被调到了怡园小学。从北方来到陌生而遥远的南方，于老师没有一句怨言，因为她热爱教师这个职业。于老师说，她在家乡教书时，有一天，领导找她谈话，让她去当大队辅导员。当时她哭了，她不想离开班主任岗位，不想离开孩子们。

来到怡园小学后，水土不服给于老师带来许多生活上的不习惯，但于老师还是很快就投入到了教学工作当中，她热爱教育的热情从来不曾减退过。在多年的教学实践中，于老师总结出了一套切实可行的教学方法。

于淑芳老师

一、家访，让师生关系融洽

不论在哪里教学，于老师一直保持着家访的习惯。每周她都至少进行一次家访，在一个学期之内，她会完成对班级所有学生的家访工作。

马同学是一个非常调皮的学生。在家访中，于老师了解到马同学的父母工作忙，所以马同学从小就和奶奶生活在一起。缺少了父母的管教，再加上奶奶的溺爱，马同学养成了懒散的性格，在学校不听老师的管教。怡园小学规定，每天早上 7：45 开始早读，早读前学生必须到校，但是马同学每天都是 8：00 后才慢悠悠地出现在学校里，而且他还经常妨碍其他学生学习。有一次，于老师去马同学家家访，马同学却把自己关在房间里，不愿意出来。

为了改变马同学，于老师经常找他谈话，主动去关心他。一天早上，于老师听说马同学没有吃早餐，就把自己的早餐给了他。从此以后，马同学和于老师的关系拉近了。后来，于老师还和他约定，当她站到他的面前时，他必须停止小动作，专心听讲。

二、寓教于乐，让学习充满乐趣

在用常规方法教学的同时，于老师还有一套自己的教学技巧。在教学生识字的时候，于老师会用猜字谜的方法让学生记住字，如“告”字，于老师会问：“同学们，一口咬住牛尾巴是什么字?”教“坐”字的时候，于老师会问：“同学们，二人土上坐是什么字?”当学生回答出来后，于老师会接着问：“你们还能想出来更好的方法记住这些字?”就这样，学生在愉悦的氛围中学到了知识。

在这一过程中，于老师发现马同学特别喜欢猜字谜，于是她就买了一本猜字谜的书送给马同学。拿到书后，马同学简直如获至宝。长此以往，于老师的做法得到了马同学家人的理解。有一次，于老师生病住院了，马同学的奶奶还特意去医院看望照顾于老师。马同学也越来越喜欢于老师了，把于老师当作他的亲人。在于老师的循循善诱下，马同学还被评为三好学生。

三、动之以情，让学生学会感恩

当学生的学习成绩有了进步之后，于老师会对他们进行奖励，奖励他们作业本、《现代汉语词典》等。尤其当调皮的学生有了进步时，于老师会邀请他们到家中吃饭。为了让学生读到更多的书，于老师自己出钱建立了班级图书角。每周一，于老师都会检查学生的卫生，发现学生的指甲长了，她就会拿出随身携带的指甲剪，给他们剪剪。就是这样一位无微不至的老师，赢得了每一位学生和家长的感恩。

孙同学，来自中国台湾。台湾的学校是不学习拼音的，因此他不会汉语拼音。为了教授孙同学汉语拼音，每天放学后于老师都会给他补课，经过一个月的耐心教导，孙同学不仅学会了拼音，而且还学会了写毛笔字。

台湾的生活方式和大陆不同，于老师发现孙同学刷牙时习惯用凉水，于是就告诉他要用温水刷牙，因为用凉水刷牙对牙龈的伤害特别大。不久，孙同学就要和爸爸一起返回台湾了。临走时，他特意买了一套《十万个为什么》放在了班级的图书角。回去后，孙同学经常给于老师写信，过春节时还会寄来贺卡，邀请于老师去台湾做客。

于老师把她的一生都奉献给了教育事业，虽然现在她年事已高，但她还在关心着怡园小学，关心着她的学生们。

于老师只是退休教师中的一员，在怡园小学退休的 20 多位教师都有着深厚的教育情怀，对怡园小学有着无比骄傲的自豪感。他们常常回学校走走、看看，回忆自己的青春岁月，也感受学校的发展与进步。正是因为有这些默默奉献的教师，怡园小学才有如今的成绩与口碑。

刘虹云：现代数学教育的探索者

从 1989 年开始，刘虹云老师便在怡园小学工作，曾担任过班主任、少先队辅导员及黄埔区数学学科中心组成员。从事教育教学工作已 30 年，刘老师在各类技能比赛中，多次取得优异的成绩，如“数学活动课系列设计探讨”获广州市第一届优秀小学数学设计二等奖，“找规律”获 2005 年广州市小学数学实践新课程优秀成果评选三等奖，“11～20 的认识”获区小学数学新课程优秀设计评比一等奖，“长方形和正方形的周长”在课题实验阶段性总结优秀教学设计评比活动中获一等奖等。

这位怡园小学的元老，在 1989 年怡园小学开办时就来到学校。谈起多年的教学工作，她依然兴趣盎然。教学改革、教育教学、班主任工作，她娓娓道来。

刘虹云老师

一、做改革的先锋

1993 年 9 月，在教研室徐伟明老师的帮助和学校领导的支持下，刘老师开始承担起“现代小学数学”的实验教学工作，并在教学中开设了数学活动课。通过数学活动课，刘老师激发了学生学习数学的兴趣，拓宽了学生的知识面，培养了学生良好的思维能力，发展了学生的智能，从而使学生的个性和特长得到很好的发挥和发展。

在活动课中，寓学于乐，寓智于趣，当她把课本上学生最怕做的智力题，通过多种形式渗透到活动课中时，学生的兴趣很浓。原来对数学不感兴趣的学生，也学得津津有味。由于在实验教学中，开设的活动课取得了较好的效果，因此，刘老师代表学校和黄埔区为广州地区的教师上了正方体的系列活动课的公开课。1993 年“正方体认识”的活动课，得到了广州地区教师的好评，1994 年“巧数方块”的活动课，得到了同行的高度评价，1995 年“正方体体积认识”的活动课，同样得到了市、区同行的好评。

在实验教学中，刘老师又对教学方法做了进一步的尝试和改革，要求学生每节课都做到动口、动手、动脑三结合，引导学生主动、积极、愉快地学习数学，重视培养学生的思维能力和语言表达能力，因此所教学生都有较好的数学语言表达能力，并得到了校领导的好评，同时也得到家长的赞扬。

二、做课堂的有心人

在教学上，她能正确理解、掌握教学大纲和教材，能根据教学大纲、教材的要求和学生的实际情况制订恰当的教学目标，教学内容正确完整，重点突出。

在多年的教学实践中，她发现解应用题是学生学习数学的难点，因此她把解应用题作为一项课题来研究。1991 年她探索了如何培养低年级学生解应用题的能力，要求学生把应用题“画”出来，使应用题的数量关系具体化、形象化，有利于学生的形象思维向抽象思维过渡，提高学生分析和解答应用题的能力。经过一段时间的训练，学生的解题能力大大提高，学生学习数学的积极性也被调动起来了。

1993 年她总结了一般复合应用题的审题方法，这使得学生在解应用题时的出错率大大减少了。在连续几年的期末考试中，学生的数学成绩名列全级之首。

1996 年，刘老师在一年级应用题的教学中，开始训练学生的说。

她从三个方面要求学生：①会说图解；②会说题意；③会说思考过程。要求人人会说，这样不仅培养了学生的解题能力，而且提高了学生的表达能力，最后学生由怕学应用题变为乐学应用题。

在教学中，刘老师面向全体学生，从学生实际出发，重视对尖子生的培养和对基础较差学生的辅导，课堂上因材施教，给尖子生提一些难度大的问题，既可避免他们的骄傲自大，也可激发他们的学习兴趣。给学困生提一些简单的问题，在答对的情况下，对其进行表扬和鼓励，保护他们的自信心和自尊心。

在教研方面，她积极参加学校组织的校内外教研活动，并担任区教学组的中心教研员。她自己在教学中，不仅主动请领导和有经验的教师听课、评课，而且主动听其他教师的研究课，取长补短，通过多种途径提高自己的教学水平。在青年教师的培养方面，她总能尽职尽责，言传身教，经常听青年教师的试教课，及时指出其教学上的不足。

三、做关爱学生的“好妈妈”

班主任，犹如学校里的“妈妈”，做起来一点都不简单。担任班主任工作后，刘老师就对自己说，一定要做学生的“妈妈”，关心爱护每一名学生，关注学生的每一步成长。在班主任工作的铺排上，刘老师重点抓了以下几个方面。

第一，重视常规教育，要求学生在课堂上做到一看二听三说四记五想，也就是看教师在课堂上的板书，听教师的讲课，在课堂上主动争取说，记教师讲的重点和难点，在课堂上要善于用脑，积极思考。利用班会、队会开展有关学习的主题会，激励全班学生你追我赶，形成良好的学习风气，从而提高学习成绩。刘老师任教的班级，语数英成绩常常排年级之首，并获优秀班集体、创三优班集体等荣誉称号。

第二，利用多种途径，进行思想品德教育。要让学生爱祖国，首先得让他们学会爱父母、爱家庭、爱班级、爱学校。因此，刘老师对学生提出：①在家每天为父母做一件事；②在校尊敬师长，团结同学；③利用中队活动，形成高尚的思想品德和情操。

第三，集体主义教育。刘老师把着眼点放在学生对班集体的荣誉感和为集体服务的实践活动上。例如，在六项评比活动中，她要求学生重视自己班级的各项分数，当某项评比拿不到满分时，她便利用午会时间和学生一起找原因，及时纠正，因此，她带的班经常获得学校的流动红旗。

第四，参加各种活动，培养学生广泛的兴趣，鼓励本班学生参加学校和少年宫组织的各项活动和有关比赛。在1998年度中，她所带班级的学生分别在绘画、书法、唱歌、舞蹈、国际象棋、游泳、朗诵、作文、语文、数学等各种比赛中获得奖项。该班被评为体育锻炼先进班、艺术活动先进班。在1999年第九届“怡小之春”艺术节文艺汇演中获二等奖。在1999年“怡小”首届合唱节中获二等奖，刘老师也在1999年黄埔区中小学生第二届艺术大赛中获伯乐奖。

第五，加强班干部的培养，要求他们以身作则，严格要求自己，处处带好头，当好教师的小助手。

在提倡素质教育的今天，她深深感到：一名合格的教师不只是传播知识的“严师”，而且还应该是拓展学生心灵的“人师”。

区绮文：“怡小”科学教育的开拓者

区绮文老师从教小学科学25年，从一名普通教师成长为科组组长、市科学骨干教师。她连续受聘为广州市教育局小学科学特约教研员，参加了广州市科学骨干教师培训班学习，参与市教学模式的研究。其承担的公开课、评比课得到市、区教研员的好评，她执教的“磁铁的性质”一课在参加广州市小学科学第一届异地教学优秀课例评比中获一等奖。其撰写的论文、活动方案多次获国家、省、市、区级奖项。她指导学生参加各级各类比赛且多次获得省、市级奖励。在丰富多彩的科技教育中，一批批科学特长生在她的指导下脱颖而出。她多次获得市、区优秀科技辅导员、科协先进工作者、先进自然实验员等荣誉称号，是广州市第一批优秀科学教师、广东省优秀自然教师。

区绮文老师是1994年毕业被分配到怡园小学的。在怡园小学执教的25年中，她一直从事着科学教育工作。这位科班出身的教师，可以说是怡园小学科学教育的开拓者。在她之前，怡园小学并没有一个科班出身的专业科学教师。科学教育教师都是其他科任教师兼任的，教学无法做到科学系统，教学效果并不突出。区绮文老师的到来，改变了这种无力的局面。科学教育在怡园小学终于走上了正轨。

区绮文老师

小学科学课程是以培养科学素养为宗旨的科学启蒙课程，学生的科学素养的形成是一项长期而艰巨的工作。教是科学，贵在求真务实；学乃艺术，妙乎推陈出新。在长期的科学教学工作中，区老师总结出了以下感悟。

一、学生是科学学习的主体

学生具有强烈的好奇心和积极的探究欲，学习科学应该是他们主动参与和发挥主观能动性的过程。科学课程必须建立在满足学生发展需要和学生经验的基础之上，让他们直接参与各种科学探究互动，让他们自己提出问题、解决问题，这比单纯的讲授训练更有效。教师是科学学习活动的组织者、引导者、帮助者和亲密伙伴，对学生在科学学习活动中的表现应给予充分的理解和尊重，并以自己的教学行为对学生产生积极的影响。

二、科学学习要以探究为核心

科学学习要以探究为核心，让学生亲历科学探究过程。这是新课程标准对我们提出的要求。开展有效的科学探究活动，让学生掌握探究的基本方法，用科学的思维方式获取知识，这是科学探究过程中培养学生思维能力的有效途径。

三、探究既是科学学习的目标，又是科学学习的方式

亲身经历以探究为主的学习活动是学习科学的主要途径。科学课程在培养学生的创新能力的基础上，为学生提供了充分的科学探究的机

会。创新性学习是一种对未来的预期与前瞻的意识。在科学课的学习过程中，充分发挥这种意识的作用，使儿童在像科学家那样进行科学探究的过程中，体验学习科学的乐趣，提高科学探究能力，获取科学知识，养成尊重事实、善于质疑的科学态度。比如，观鸟比赛，把学生带出教室，带到大自然，让学生用自己的眼睛观察鸟的行为动态，感受大自然的动态美，从而唤起他们对大自然的热爱之情，进而从自我做起，保护大自然。从另外的角度说，学生在观察中发现问题，提出问题，再通过自己的观察探索以及与同学、老师的讨论，找到解决问题的方法。这样的学习效果，要比课堂上的机械灌输的效果好得多。

四、科学课要培养学生良好的学习习惯

形成科学课的课堂常规，如有条不紊地开展实验，保持实事求是的科学态度，及时记录观察到的现象，能长期坚持观察记录，能倾听别人的发言，能提出自己的见解等。

五、树立终身学习的意识，不断提高自身的科学素养

科学课的内容繁多，涉及物理、化学、生物、天文、地理等各方面的知识，对教师的知识储备要求很高，因此教师要及时补充知识，同时要学会科学探究的技能，具备科学的态度和价值观，这样科学教学的质量会更高。

教师应从教学准备、教学实施、教学评价三方面入手，自始至终地关注学生的进步和发展，关注教学效果，关注教学中的可测性。同时，教师还应具备反思意识，不断地调整自己的教学行为并掌握相关的教学策略，以便面对具体的情景时做出相应的决策，获取最大的教学效益。

在自己科学教育的三尺讲台上，看着学生在科普基地活跃的身影，看着学生孜孜不倦地探究科学，看着学生取得奖项时那真切的笑脸、成功的喜悦，区老师享受着作为一名小学科学教师的幸福和满足。

戴虹：天道酬勤

教学需要激情，教学需要分享，教学需要付出。在 24 年的从教道路上，戴虹老师本着师者父母心的态度，从未有半分懈怠。在怡园小学

的讲台上，她挥洒汗水，奉献青春。

戴虹老师

随着教育现状、语言环境的不断变化和教学实践中新问题的不断出现，作为英语老师，戴虹深刻认识到教学改革和探索新路的重要性。2014 学年起，戴老师在区教研员高敏老师的指导下，开展了自然拼读与绘本教学的实验。在实验中，戴老师的主要任务是寻找合适的教材，提供合适的音频与视频，搭建合适的学习平台。该学年，围绕自然拼读教学，戴老师自编了自然拼读练习册，选用了 *PhonicKids* 的第二、第三册作为学生配套使用的教材。2014 年 9 月底，戴老师在三年级的教研活动中，与全区老师分享了自然拼读教学的经验与做法。

自然拼读教学告一段落以后，戴老师又接到了市教研室的任务，给参加全市新教材培训的教师上了一堂英语绘本教学的展示课，并做了自然拼读与绘本教学的主题讲座。2014 年 12 月 3 日，在座无虚席的电教室里，戴老师和三年级的学生大胆自信地展示了绘本阅读的魅力。在进行“从自然拼读到绘本阅读”的讲座时，她娓娓到来，引起了听课同行的好奇与兴趣。

任务总是一个接一个，这边刚完成市公开课，那边又接到了参加 2014 年新媒体新技术教学应用研讨会暨第七届全国中小学互动课堂教学实践观摩活动的任务，这项任务需要进行电子白板课例的录像拍摄。戴老师没有抱怨一句，而是把任务当成组织对她的认可，欣然地接受了挑战，最终课例获得了全国一等奖。在 2014 年“中国梦·园丁美”广州市中小学青年教师教学基本功和技能竞赛中，戴老师获得广州市教师基本功大赛一等奖，并获广州市创新技术能手的荣誉称号。教学绘本 *Pet Tricks* 在 2014 学年一师一优课的评比活动中获省优等级。2015 年 12 月，其撰写的论文《基于博客的任务型语言教学的设计与研究》在中国教育学会外语专业委员会第 19 次学术年会论文评审中获得了一等奖。

2015 年 12 月 25 日，在全区教师面前进行了团队展示：Occupation 模块整体教学研讨。在此次活动中，戴老师既是参与者，又是带领者。这次研讨，既有她的有关“Occupation 模块整体教学的设计思路与框架”的讲座，也有东校区两位年轻伙伴的第一、第三课时的观摩课，还有西校区伙伴的第二、第四课时的说课展示。团队的精彩表现获得了专家同行的高度评价。2016 年 11 月，英语科组的两位教师参加了广州市单元整体教学比赛，经过团队的共同努力，最终获广州市一等奖的第一名。另外，戴老师参与的科组也以优异的表现被评为 2016 年广州市小学英语优秀科组。近年来，戴老师先后在市和区的教研活动上，主讲了六场主题教学的讲座。

天道酬勤，每一次成绩的取得，就是一场职业生涯的洗礼。戴老师仍在教学路上，不懈求索……

邱育红：努力的人运气不会差

邱育红是怡园小学的一名语文教师、班主任，也是广州市优秀少先队辅导员、第四批广州市中小学名班主任培养对象。她曾获广州市第二届中小学幼儿园青年教师形象大赛一等奖，2008 年她执教的课文《动手做做看》荣获黄埔区小学语文青年教师阅读教学竞赛一等奖，2012 年她在广州市小学语文教师专业素养展示活动中荣获一等奖。

说起 2012 年她在广州市第二届中小学幼儿园青年教师形象大赛中荣获一等奖这件事，邱老师似乎打开了记忆的闸门，万千思绪涌上了心头。她说，这次获奖，在她的教育生涯中有着里程碑式的意义。不是因为这个奖本身有多大多好，而是在整个比赛过程中，她得到了学校领导、同事和学生太多的帮助和关爱。

邱育红老师

2012 年 9 月，邱老师参加了广州市第二届中小学幼儿园青年教师形象大赛，从区的初赛到市复赛再到最后的市决赛，历时半年多，整个过程她得到了很多热心人的帮助。蔡英华副校长全程陪伴比赛，亲自为她借比赛服装，安排好一切与比赛相关的事务，让她没有后顾之忧，安心参加比赛。蔡副校长还经常鼓励她要放松心态，不要有太大的压力。当市复赛结果出来，宣布她进入决赛的那一刻，蔡副校长由衷地为她感到高兴，说："小邱，你好厉害啊！"她知道，那是蔡副校长在鼓励她呢！还有陈素彬副校长的言语支持，肖雅琴老师认真地为她修改演讲稿，林少群主任细心地指导她如何演讲能更吸引观众。林少群主任说："小邱，你上台以后，先站好，面带微笑地注视评委席，跟评委有一个眼神交流，然后再开始你的演讲。"果然，到了比赛那天，她在演讲环节自信满满，一个手势、一个动作、一个眼神都那么胸有成竹。演讲环节结束后，教研室的胡老师竖起了大拇指，说："怡园小学的老师真棒！"

当她拿到广州市第二届中小学幼儿园青年教师形象大赛一等奖的奖杯时，她知道，那份沉甸甸的荣誉是属于大家的。一个人的力量是渺小的，集体的力量才是无穷大的！

通过那次比赛，邱老师再次感觉到"怡小"大家庭的温暖和力量。参加完比赛后，她感觉自己的视野开阔了，看待问题的角度也不同了，处理班级事务更注重科学性了，望着学生的眼神更加温柔了，跟同事们的关系更加亲密了。

后来，她参加了第四批广州市中小学名班主任培养对象的培训，贺光艳老师（广东省第六届班主任能力大赛单项一等奖获得者）的经验分享她几乎是含着泪听完的。对贺老师这段话，她深有同感：比赛—抱着平常之心；工作—拥有进取之心；生活—常怀感恩之心。

是的，常怀感恩之心，生活会更加快乐和幸福！努力的邱老师，在自己热爱的语文教育事业上、在活泼可爱的学生身边勤勤恳恳，用心耕耘，收获了运气，收获了爱与幸福。

黄海红：内省与外塑

黄海红老师从事班主任工作已经二十多年了。在这二十多年中，她总结出了一套行之有效的班级管理策略：内省与外塑。内省重在反思，外塑重在行为塑造。

一、注重内省

家长和老师对孩子的教育，说教较多。但随着孩子的成长，说教的作用越来越小。怎么办？孩子的问题又存在，这时引导孩子反观自己尤为重要。当学生之间闹了矛盾，当班级出现了一些不和谐的现象，黄老师会找相关学生谈话，让他们说出事情的经过，她只是倾听和发问：你这样处理事情好吗？你现在快乐吗？有没有更好的处理方法？如果你用另外一种方式处理，会是什么样的结果呢？整个过程，黄老师不发表意见，只是偶尔提点和总结。交流完，她会建议学生互相道歉，再握手言和，互相拥抱。如果情况有些严重，交流完她会引导学生写出反思，家长签名后交给她，将其作为孩子的成长记录保存下来。多年的经验使她发现学生常内省、常反思、常反观自己，有助于他们的身心健康成长。

黄海红老师

二、常读故事

一年级学生年龄小，黄老师会坚持每天给他们分享绘本故事，分享过程中让他们想象、猜想、联想故事内容，学生们常常沉浸在故事中，渐渐地爱上了阅读。二年级学生能独立看整本书。这时需要在人生志向和意志品质上给予学生更多引导。黄老师经常给他们读《名人励志故事》等书籍，书里面精彩的情节、感人的内容、主角的人格魅力，让学生们听了常常泪流满面，激动不已。与此同时，思想也在故事中飞扬。黄老师会给三年级的学生推荐各种名著进行主题阅读。例如，共同看完一本书后，黄老师组织学生进行读书交流汇报，在聆听中，在分享中，碰撞出思维的火花，从中汲取思想精华，学生受益匪浅。每日阅读，常常汇报，是量的积累，也是质的飞跃，学习语文的精髓莫过如此。

三、坚持执行每日常规

学校每日有八项评比，班里每人手中有十项评比的手册。每节课结束后，学生和同桌会对本节课进行自我评价和互相打分。每天放学后，家长看孩子的每日表现，对孩子提出希望。第二天黄老师会抽查打分情况，提出改进意见，通过自评、互评、家长评、教师评等方式，学校督促学生养成良好的学习和生活习惯。

四、鼓励家务和运动

从孩子上学的第一天开始，每天的最后一项作业就是做家务和运动。因为这么多年一直坚持每天跳绳和跑步，学生们的花样跳绳和田径都很棒。因为一直参与家务劳动，每个学期班级举行的美食节，学生们都能自豪地展示自己的手艺。每年的雏鹰假日活动以及每次的综合实践活动，家长和孩子们都很积极，如在一次调查周边环境的实践活动中，孩子们亲自去乌涌、石化厂、电厂参观和访问，还写了许多整改意见，并写信给区长和市长。学习需要体验，生活更需要体验，学生们在体验中提升能力，在体验中热爱生活，从而热爱学习，热爱生命。

林少群：以科研促教学

林少群，小学数学高级教师，广东省省级骨干教师，黄埔区小学数学的骨干教师和学科带头人。她曾被评为广州市首批基础教育市级骨干教师、广州市小学数学学科首届十佳青年教师、广州市黄埔区第二批名师、区优秀教师、区优秀中队辅导员、广州市优秀教师、优秀特色中队辅导员。工作以来，她两次受到广州市黄埔区人民政府的嘉奖，获得区级以上学科教学类奖项共21项。作为广州市的特约教研员和中心教育组成员，她多次参与广州市小学数学研究会组织的到花

林少群老师

都、从化、南沙等地的调研支教活动，并积极参加市区各级各类比赛并获得优异的成绩，真正起到了示范、引领作用。

从业至今，林少群老师已经在教师这个岗位上工作二十多年了。她说做老师的每一天，她都很快乐。走进教室很快乐，看到学生们求知若渴、豁然开朗的眼睛很快乐，在有家一样的感觉的学校里很快乐。她热爱教育事业，她说老师是她唯一会选且愿意做的职业。成为一名优秀的人民教师，成为每个学生爱戴的良师益友是她的职业理想。

一、投身教学改革，以科研促教学

时代需要高素质的教师，要求教师要从传统的“经验型”向“科研型”教师转变。林少群积极投身教改实验，以科研促教学。在任职期间，她先后参加了全国现代小学数学实验、中央电教馆组织全国教育科学“九五”规划的现代教育技术促进中小学生素质提高、“十五”规划现代教育技术与小学学科教育整合、全国学科四结合等课题实验研究。

课堂上的每一节课都是实施素质教育的有效途径，林老师以科研促教研积极进行课堂教学优化，不断提高教学效益。在教学中林老师善于创设生动活泼的教学情景，合理创新地使用教材，使教学设计呈现一个“新”字，让学生觉得有吸引力；在知识教学点上，体现一个“实”字；在教学过程中灵活创新，体现一个“活”字。在林老师的课上，呈现的是民主平等和谐的师生关系、团结协作积极进取的学习气氛。几年来，林老师分享国家级、省、市、区、校级公开课达 20 次以上，均受到专家、领导和教师们的高度评价。2004 年 12 月 17 日，在区实施新课程的现场研讨会上，林老师执教的“分数的初步认识”，以创造性地、合理地使用教材，巧妙地设计，学生有条不紊地小组学习和大胆精彩地辩论获得听课教师们的一致好评，省教育厅的指导教师肯定地说：“这是一节旧教材新理念的好课！”她以“长方形、正方形面积计算”一课代表校课题组接受中央电教馆课题组评估听课，并受到了专家们的一致肯定。评估组在总结会上认为：“这节课充分体现了现代教育思想，是一堂成功的、优质的教学实验课。”

二、为人师表，以爱心待学生

教师的职责在于传道、授业、解惑。要充分发挥教师的职责就要使学生“亲其师而信其道”，要学生“亲其师”的前提是教师要用爱心对待每名学生。林老师是这样想的，也是这样做的。魏同学是一个有听力障碍的学生，教师用正常的语速说话，他是听不见的，必须大声而且缓慢和多次重复，甚至有时还得用上手势，他才能勉强听到。对这样的一个学生，林老师从来没有漠视他，而是坚持利用课余时间耐心、细心地与他交流，为他补课，使他的数学成绩保持在八九十分，让他感受到教师和同学的关爱，体会到学习的乐趣。2003 年的一天，细心的林老师发现小丁同学喉咙嘶哑，讲话很困难。林老师每天用冰糖、胖大海、枸杞冲水给他喝。一个月过去了，小丁的声音越来越清脆，他跟他妈妈说：“林老师就像妈妈一样！”

作为班主任，林老师能开展实实在在的、贴近学生生活的公民教育活动，如“学《新三字经》，做文明人”“储蓄你的文明，做合格小公民”等，运用合理有效的工作方法进行班级管理，培养学生良好的行为和学习习惯。林老师任教的班级均养成了良好的班风和学风，多次获得校文明班级、优秀雏鹰中队、卫生模范班级、三好班等光荣称号。良好的班风使每名学生都能健康地成长，如莫同学、刘同学等先后获得广州市优秀少先队员、广州市三好学生等光荣称号；朱同学的《边唱边舞》获广东省小学生绘画二等奖；在学校首届科艺节中，林老师的班里有五名同学参加了“学习型家庭展板”，有四名同学参加了科技小制作比赛，分别获二、三等奖；九名学生参加了科技小论文比赛，其中八名学生分别获得了一、二、三等奖，七名学生的环保服装被选送参加大队部的拍摄。

这位时刻能量满满的林老师，在教育这块希望的田野上快乐地耕耘着，把知识传授给学生，把爱心散播给学生。

翁毅群：有一种爱叫放手

1992 年 7 月，翁毅群来到怡园小学担任语文教师。她热爱教育事业，爱学校、爱学生。作为一名教师，她以身作则，严格要求自己，使自己不断成长。

在工作中她刻苦钻研业务，努力提高业务水平，不断学习新知识，探索教育教学规律，改进教育教学方法。在教学中，她深刻体会到要以学生为主线，以学生的发展为中心。所以，她尊重学生：尊重学生的思考权，尊重学生的发言权，尊重学生的探究精神，尊重学生的思维成果。做到这些，才能够放手让学生去思考，让学生探究。实现合作、自主、探究的学习模式，培养学生自读自悟的学习能力。

翁毅群老师

翁老师长期担任班主任工作，她管理的班级井然有序，班风、学风良好。她特别重视创建和谐、积极向上的班风，时刻培养学生的集体荣誉感。她在班级中开展有效的评比项目，使中队人人有向上的追求，队队有攀登的行动，天天有奋斗的目标，常常有成功的喜悦。队员们在评比中不断挑战自我、战胜自我，提高自身的综合素质。长期在这样的氛围中，学生们有了非常强烈的集体荣誉感，班级风气积极向上，充满了活力。

在班级管理上，翁老师最令人称道的还是她的班长责任制和层级管理。每年，她都会在班里选出五名班长，这五名班长职位相同，职能各异。五名班长各司其职、相互协助、相互监督。等到时机成熟之后，翁老师会在五名班长中选出两名老班长来带新班长。星期一、三、五由新班长主事，老班长协助，星期二、四则由老班长主事，新班长辅助。

班长是班级管理的第一责任人。班长在班务和纪律管理上有自主权。在日常管理中，如果有同学不遵守班级规章制度，班长就会进行干预，但是这个干预也是讲究策略的。班长首先会表扬表现好的同学，其次会点名表现不好的小组。如果该组还有同学表现不好，则会直接点名提醒该同学，指出努力方向，被提醒的同学态度端正，能正确面对错误，班长会给予改正机会，并鼓励该同学；如果该同学没有积极的态度，则会被要求写反思。被要求写反思的同学如果不认可班长的管理，则可以和班长去见班主任，申请班主任的仲裁。

在以上这些合理有效的管理制度和方法实施后，班级的表现屡获好评，每学期该班都能荣获优秀班级、优秀中队称号；2012 年在区统考中，该班成绩显著，排名领先；2013 年在黄埔区"春苗杯"竞赛中，该班获奖人数在全区遥遥领先；2013 年在广州市小学语文竞赛中，该班获得优异成绩，两人获市一等奖，两人获市二等奖。

有一种爱叫放手。翁老师在自己的教育生涯中，深刻体会到这句话的真意。学生年龄虽小，但贵在可塑性强。教师的身份是引导者，不是保姆。尊重学生，相信学生，大胆放手让学生去体验去创造，这才是真正的教育。

卢健红：教书是最对的选择

卢健红老师大学毕业后一直从事小学语文教学和班主任工作。敬业爱业、生活阳光的她和学生一起在语文海洋里快乐遨游。她多次参加教学比赛和班主任技能比武，曾被评为市优秀班主任及市优秀团员。"学生是学习的主人，是班级的主人。"这是卢老师的教育理念和管理理念。

卢老师已经在教育岗位上兢兢业业耕耘了几十载。她常说，她的人生有三个对的选择，其中最重要的一个就是选对了职业。做着钟爱的事业，这是多少人穷其一生想得到的幸福啊！

从教多年来，卢老师坚持备好每一节课，上好每一堂课，批好每一份作业，教育好每一名学生，努力做一位深受学生尊重和信赖的教师。

卢健红老师

一、做一个学习型教师

从教之日起能认真学习教育教学理论，积极投身到教科研工作中，大胆进行现代教育技术与语文教学整合的教改尝试。每上完一堂课，她都会进行反思，以督促自己不断进步。工作之余，她尽量每天挤一点时间阅读专业类的书籍，不断给自己充电，努力提升自己的文学素养。

二、做一个富有爱心的教师

卢老师爱学生，善于走进学生的情感世界，把学生当作朋友，感受他们的喜怒哀乐。卢老师爱学生，以尊重和信赖为前提，做到严中有爱、严中有章、严中有信、严中有度，深受家长的欢迎。

三、做一个理念新的教师

在认真学习新课程理念的基础上，结合语文学科，积极探索有效的教学方法，为学生创设一个富有生活气息的学习情境，同时注重学生的探究发现，引导学生在学习中学会合作交流，提高学习能力。学生的知识来源不只是教师，更多的来自对书本的理解和与同伴的交流，促使学生在学习中学会学习。

在管理上，她把学校的优秀管理经验迁移到班级管理中去。在她的班里，每名学生都是班干部，都是小螺丝钉，都不可或缺。从一年级开始，她的班级就开始实行班干部滚动轮换机制，同时实行层级管理制度。根据职能的不同，班干部划分了三条主线：文体线、学习线、图书管理线。其中，文体线和学习线由中队长把关。图书管理线则分设馆长和副馆长。副馆长负责借书登记管理，馆长负责还书记录。三条线上的班干部各司其职，班级管理工作井然有序。在人才培养上，她同样把学校的培养经验迁移到班级人才的培养上，以能为本，建立起了培能、用能、挖能的长效机制。

卢老师一直奉行踏实工作、虚心学习的原则，而这或喜或忧、或得或失的点点滴滴必将成为她生命中的绚丽色彩，点缀着她的人生。

2. 专注·执着之美

美国著名作家和演说家马克·吐温曾说：“人的思想是了不起的，只要专注于某一项事业，就一定会做出让自己感到吃惊的成绩来。”专注，意味着认真、勤劳、支持，意味着对教育工作的投入和对教育事业的执着。执着意味着教师只要进入教育领域，就必须时刻处于“教育者”的状态，意味着即使长期从事同样的工作，也能自己创造变化，不断地“重新出发”。

吴小玲：累并快乐着

1989 年 7 月，吴小玲老师被调到怡园小学任教至今。从教多年来，吴老师曾任教语文、品德与社会、综合实践等课程，兼班主任、中队辅导员职务，也曾多年担任年级组长。她 1999 年被评为广州市优秀教育工作者。

2008 年，吴老师获得了广州市优秀班主任的荣誉称号，在此之前，她已经做了二十多年的班主任。现在，吴老师即将退休，但她依然在班主任的岗位上兢兢业业地奉献着。

小学班主任这份差事，说不辛苦那肯定是骗人的。小学生多少都有些调皮，行为习惯的自律性不高。很多时候，在这些学生的身上，确实需要花费很多精力。

吴小玲老师

在吴老师的班里，有一名学生非常调皮，而且有暴力倾向，经常打其他同学。有一次，他打了班里的好几名同学，但这几名同学没有向老师反映，而是放学回家后告诉了自己的父母，父母知道后都非常生气，打电话说要告学校监管不力。

吴老师得知情况之后，立即找来当事人和目击者了解情况。知道事情的来龙去脉之后，吴老师首先安抚好被打学生的情绪，同时向家长致歉。然后从打人学生的家长入手，在最短的时间内约见家长。在访谈过程中，吴老师把孩子的情况反映给其父母，不曾料想，孩子的父母都在一味地推卸责任，父亲怪母亲教管不力，母亲怪父亲少管孩子。后来在家访过程中，吴老师发现，孩子的父母工作忙，很少有时间管教孩子，这个孩子从小是跟着奶奶一起长大的。奶奶溺爱孩子，在教育方法上有所不当，才养成了孩子这样的脾性。

吴老师了解清楚这些情况之后，从家长和学生两方面着手，指导家长配合教师对学生进行教育。对学生，吴老师是以鼓励为主，宽严并济。一年一年地，这名学生也在不断进步，从平时打人、上课开小差画画到与同学和睦相处、上课专心听讲，从考试不及格到能考七八十分。看到学生的可喜变化，吴老师悬着的心总算放下来了。六年级的妇女节那天，这名学生对吴老师说了句“节日快乐”。对吴老师而言，仿佛等待已久的铁树终于开花了，这样的喜悦是难以用言语形容的。

这名学生小学毕业后，常常会回来看望吴老师。吴老师清晰地记得，这名学生第一年回来看她时，给她带了一束美丽的鲜花；第二次回来看她时，带了一盒可口的巧克力。他告诉吴老师，他长大以后要造汽车。这名学生的父亲还告诉吴老师，在学生的心目中，排名第一的是奶奶，排第二的就是吴老师。吴老师能感受到学生及家长对教师的感恩。学生有了自己的人生目标，这位启蒙老师也算是功德圆满了。

聊得正酣之时，吴老师拿出了自己的手机，打开相册，指着照片说，那是以前她带的管乐班的几名学生。五年前，正在读大一的几名学生去了她家里看望她。她无不自豪地指着照片说，这名学生以前在语文写作上很有天赋，写的文章特别生动有趣，现在正在美国读书。指着另一个人说，这名学生现在在英国读书，“你都不知道，他以前可爱哭了。”言语中，满是自豪和欣慰。又指着第三名学生说，这孩子以前很爱运动，是运动健将，但也挺调皮的。

看着自己倾心呵护的小树能结出丰硕的果实，吴老师说，一切汗水都是值得的。

吴老师把著名教育家陶行知的“捧着一颗心来，不带半根草去”作为座右铭，继续默默地为党的教育事业做贡献。

吴老师时刻牢记自己是一名共产党员，用“一滴水可以折射出太阳的光辉”来警醒自己，踏实进取、认真谨慎，忠于职守、尽职尽责，遵纪守法、廉洁自律，努力发挥党员的先锋模范作用，以吃苦在前、享乐在后和对自己负责、对单位负责、对党负责的态度对待每一项工作，树立大局意识、服务意识、使命意识，努力把“全心全意为人民服务”的宗旨体现在每个细节中；以改进工作作风、讲求工作方法、注重工作效率、提高工作质量为目标，积极努力，较好地完成各项工作任务。在班主任工作中，她始终保持严谨认真的工作态度、一丝不苟的工作作风，从严要求自己，踏实工作，不拖延、不误事、不敷衍，常常与家长保持联系，得到家长的信任、支持和尊重，从而大大提高工作效率。

几十年如一日，吴老师教书育人，爱岗敬业，热爱学生；言传身教，潜移默化；勤奋学习，钻研业务。吴老师说，她坚持以学生为本，保证学生在学习上的主体地位，而她作为教师只起指导作用。她注意减轻学生的课业负担，让学生乐学，学有所获，身心得到健康成长，真正做到教书育人。

李爽：爱笑的班主任

2003 年，李爽老师从东北师范大学毕业来到了怡园小学。她 2008 年 7 月被评为黄埔区优秀中小学班主任，2008 年 12 月获黄埔区优秀少先队辅导员称号，2009 年被评为广州市优秀中小学班主任，2010 年 6 月被评为广州市优秀少先队辅导员。作为少先队辅导员，她用自己的爱心与热情感染着每一位队员，2011 年她被评为广州市十佳少先队辅导员。2013 年她被评为广州市名班主任。

李老师高高瘦瘦的，声音清亮有力，说出的话就像一个个跳动的音符，让人快乐。无论什么事情，在她看来都可以笑着面对。也许是应了那句“爱笑的女孩运气不会太差”，2003 年师范学校毕业的李爽，因为憧憬南方城市的生活，便乘着怡园小学到东北师范大学招聘老师的“东风”，一路过关斩将，拿到了怡园小学的聘书，来到了她喜爱的广州，开启了她钟爱的教育事业。

李爽老师

一、忙中有乐

对于很多教师而言，当班主任并不是一件轻松的差事。但是天生爱笑的李爽老师，却乐在其中。当教师那么多年，每年都做班主任，但是她从来不觉得辛苦。

她说她爱当班主任，不当班主任，她会觉得很亏。因为当班主任，自己可以跟学生自然而然地形成一种很亲的关系，自然而然也会被学生信服和喜欢。这种感情是非常特别的，不当班主任是不可能体会得到的。

李爽老师自从来了怡园小学，就一直当班主任。每天除了上课之外，还要处理一些鸡毛蒜皮的事，虽然有点辛苦，但是她还是乐于做班主任工作。她觉得，做班主任久了，就会像老中医一样，对于很多事情而言，通过"望闻问切"就能知道事情的症结所在，也就能对症下药了。

她常常说："班主任的一个举动、一句话是可以改变孩子很多的。"在她班里，有一名学生偷了别人的东西，被人发现后说要去跳楼。李老师知道之后赶紧了解情况，才知道这名学生偷东西是为了进监狱，因为她觉得妈妈生了妹妹之后就不爱她了，她不想再在家里待了。解铃还须系铃人。为了安抚孩子的情绪，李老师只能先做好家长的思想工作，让家长在关注小妹妹的同时，也不要忘了给大女儿足够的关爱。李老师用自己的行动告诉家长：语言很重要，要把爱说出来。从那以后，孩子妈妈常常会对孩子说："妈妈也爱大女儿。"在班里，李老师会让其他同学跟这名学生玩，让她融入集体中。这名学生的"刺儿"在与同学的交往和与父母的交流中渐渐被拔去了，性情和行为也发生了巨大的转变。看着这名学生变好了，李老师心里别提有多高兴了。

二、榜样的力量

李老师是广州市十佳少先队辅导员、广州市优秀班主任、名班主任。每名学生都有超人情怀和英雄崇拜，加上班主任本身带有的类似于代理妈妈一样的光芒，所以这很容易在学生心中形成心理优势。所谓信其师，则信其道，教师身上的优秀品质会对学生产生一种潜移默化的影响，久而久之，学生身上就会有教师的影子了。如果你乐观，学生也会乐观；你开朗，学生也会开朗；你爱笑，学生也会爱笑。在她看来，班主任就是一个这么了不起的职业。

三、特色班级建设

对于搞好班级建设，李爽老师有自己的一套方法。她善于组织开展多姿多彩的活动，让学生学得开心、玩得开心。

在中队里，她组织了雕刻橡皮进行“活字印刷”的动手活动；“鸡蛋伞兵”“护蛋行动”这种动脑筋、动手的有趣活动；“保护自己安全快乐成长”的调查问卷活动；“我成长我快乐”自己动手缝制沙包活动；“我为‘怡小’添光彩”“与地面亲密接触”的洗地活动；“给父母一个别具一格的笑脸”的亲子互动活动……她组织的“Rainbow 好玩假日小队”获得市、区特色小队称号，并在 2007—2008 年度“童趣杯”全国优秀红领巾小社团评选活动中脱颖而出，获全国优秀红领巾小社团奖，李老师获得了全国优秀红领巾小社团辅导奖。

为了记录班级里发生的感人故事，为了给家长和学生留下更多美好的记忆，李老师为所带的中队创建了网上的班级博客，并将其命名为“心家”和“向未来出发”。

这位人如其名的李老师，爽朗中带着坚韧。在自己钟爱的教育事业中，她将继续为更多的学生带来欢乐。

赵家蕊：幸福如斯

赵家蕊老师大学毕业后一直从事小学语文教学工作，兼任班主任和中队辅导员。她在工作中兢兢业业，关心学生，善于发现学生的优点，曾被评为市优秀辅导员及区优秀教师。坚持培养学生良好的行为习惯，让学生学会管理自己、管理班级、自觉学习。赵老师是一位有爱心、负责任的教师。

1999 年，因家属调动，赵老师来到了怡园小学从事语文教学工作。原本担心无法适应工作调动的赵老师，来到怡园小学之后发现一切担忧

赵家蕊老师

都是多余的。用她的话来说就是“舒服”。领导宽严相宜，同事相处愉快，环境干净舒适，学生活泼可爱，一切都让她感到舒服和幸福。特别是同事之间，相处起来就像一家人一样。在怡园小学的教师大家庭里，没有勾心斗角，没有嫉妒攀比，大家共享教学资源和经验。如果有什么急事不能去上课，其他教师都会乐于伸出援手帮忙上课和看班。在“怡小”教师看来，与人方便，就是与己方便。

作为中队辅导员，赵老师注意扎实做好中队建设工作。赵老师善于根据本中队的具体情况，采用多种形式，扎实推进中队的建设工作。

首先，培养能干的队干部，人尽其才，各司其职。中队长是全中队的灵魂。她放手让中队长组织队活动，其他队干部协作，很好地锻炼了队员的能力。

其次，对于中队中调皮捣乱的学生，除了必要的批评教育外，她善用幽默风趣的语言让学生意识到自己的错误，并积极改正。她善于调节队员之间的小纠纷，不偏袒任何一方，不批评任何一方，而是让双方先冷静下来，各自反思自己的行为，认识到自己的错误，然后互相协商该对对方说些什么，直至最终解决问题。这样冷静公平的处理方式，取得的明显效果就是刚刚还互不相让的双方最后却成了好朋友。看到队员这样的成长，也是她最快乐的时候。

她还善用图书角培养队员的阅读兴趣，使其从书中汲取营养，提高各方面的能力。她也在各小队中开展各种竞赛活动，培养队员良好的竞争意识，增强集体荣誉感。

时间过得那么快，赵老师将要离开她所热爱的教学岗位，光荣退休了。念及于此，她虽忍不住惆怅，但又很快自我释怀，毕竟“长江后浪推前浪”，人都有离开工作岗位的一天。用她的话来说就是：“我这平淡无奇的教书生涯，更多的还是满满的幸福感充盈心间，仔细回味，丝丝甘甜。”

什么是幸福？因人而异吧，每人一定都有自己的解读，正所谓一千人眼里有一千个哈姆雷特。对于赵老师而言，她的教书生涯是幸福的。她说：“这离不开我的工作单位和我服务的对象。”

赵老师的教书生涯大部分是在怡园小学度过的。这里，校园风景如画，教学宽松民主，领导开明体贴，同事和谐融洽，学生活泼可爱。她的幸福就是这样的工作环境给她带来的舒心感。

雨果说过：“世界上最广阔的是海洋，比海洋更广阔的是天空，比天空更广阔的是人的心灵。”看着学生渴求知识的眼睛就像置身于灿烂的星空中，在这片闪烁的星光里，她找到了乐趣，寻到了真善美。课堂上，她用自己所学为学生授业解惑。看到学生高举的小手，听到学生稚嫩的语言，批改令人满意的答卷……笑容会不自觉爬上她的脸庞。她的幸福就是在孜孜不倦地教书中得到的享受感。

“我不是农民，但是一个播种者，我把学生当成肥沃广袤的土地，用心去播种，用情去耕耘。”赵老师如是说。教师从事的是育人的工作，除了传递知识，更要培养学生良好的行为习惯。表扬学生一次的努力进步，纠正学生一个不良的习惯，解决学生一场小小的纠纷，组织学生一次开心的出游，举办一场爱心义卖……学生们在不断进步，努力成长。她的幸福就是在春风化雨的育人中得到的满足感。

“春蚕到死丝方尽，蜡炬成灰泪始干。”人们把教师比作春蚕、蜡烛，默默吐丝，滴滴燃烧，不求索取。其实，能得到学生的小小感恩，教师仍然会心花怒放，如相遇时的一声“老师好”，讲台上留下的一包润喉糖，生日会上的一小块蛋糕，教师节的一朵鲜花，毕业联欢会上的一首诗歌，毕业学生的一次回校探望……点点滴滴，甜蜜收藏。她的幸福就是在虽不求索取却有意外收获中得到的惊喜感。

教书生涯带给她舒心、享受、满足、惊喜。正如她所说的幸福如斯，夫复何求？

杨雪柏：慢慢陪着孩子

杨雪柏，怡园小学语文教师，中小学一级教师。广州市小学语文教学研究会理事，广州市骨干教师，黄埔区语文学科中心组成员、区小学语文教学研究会理事、广州市2007—2009年小学语文教研积极分子、广州市2011年小学语文优秀教师，广州市第二批农村结对活动优秀指导教师、广州市百千万工程名师培养对象，广州市语言文字先进工作者，广州市教育学会小学语文(黄埔—萝岗)工作室主持人等。

杨雪柏老师

一年级时，林同学对上学有很大的抵触情绪，每天早晨她都是泪光闪闪，姗姗来迟，课间也时不时放声大哭。针对这种现象，杨老师与家长进行了及时的沟通，交谈中，了解到林同学从小身体素质很差，运动能力较弱。在一个新的集体中，家长希望她能以崭新的面貌出现，给予她一定的要求。而在集体中，她因能力较弱，时时因力不从心而失去信心，导致厌学。了解到这些之后，杨老师先从集体入手，让每名学生都学会关爱他人，尤其关心比自己弱小的同学，比一比谁是最有爱心的学生。活动开展以来，学生们争先恐后，在各种集体活动中拉着林同学加入自己的小组，即便是在跑步中失去了夺冠的机会，他们也总是秉承着“友谊第一，比赛第二”的原则。在学习上，班级学习委员罗同学无微不至地照顾她：作业登记、错题改正、及时提醒她完成作业、课前准备等。这在无形中让她感受到了集体的温暖，在学习上她慢慢养成了好习惯：作业登记完整清晰、书写认真工整，在以后两三年日子里，她的习作、课文朗读表现出色。如今，她和其他学生一样，热爱集体、热爱学习、热爱阅读。

与林同学情况相反的是黄同学。黄同学是一个适应能力特别强、特别聪明的学生，但是个人卫生情况特别糟糕：书包、红领巾、本子到处扔。很多时候，书包就随意地扔在地上，上面就扔上自己随手脱下来的衣服，任由自己和别人踢来踢去，书包里面的书本放置得更是杂乱无章。遇上感冒，他的鼻涕纸更是塞满课桌的抽屉，喝过的牛奶盒常常存放两三天。不断地提醒、不断地教育后，情况都没有改变。为此，杨老师特意进行了一次家访。家访中，家长对她反映的现象深表认同。在家里，最让家长头疼的也是孩子的卫生习惯，东西经常乱丢乱放，“总是用 1 分钟做好一样东西，用 99 分钟在寻找这个做好的东西”。

寻根问底，原来黄同学从小由姑妈带大，一直备受宠爱，任何事情从不需要他自己动手去做，一切由姑妈一手包办。看来，要改变这个不良习惯争不得朝夕。家长迫切希望杨老师想出办法，并表示会积极配合杨老师的工作，因为在家长看来，孩子最听老师的话。事实上，孩子在低中年级的时候，的确比较容易接受教师的意见。但是一个好习惯的养成，至少需要连续 21 天，而巩固则需要更长的时间，更何况孩子之前已经有了在无意中养成的不良习惯。如果不改变，他的聪明将浪费在无意义的寻找中。集体的力量无疑是最大的，小伙伴的态度更是不可缺少的。杨老师找到和他要好的小伙伴，希望借助他们的提醒改善黄同学的卫生习惯。一段时间后，他的书包整齐地挂在桌子的右侧，书本也不随意丢在地上了。但是每个周五的例行检查，值日生反映他的抽屉杂物最多……

二年级下学期，班级重选班干部，班里同学一致推选他为卫生委员。半个学期中，在杨老师不停地提醒和表扬下，他不仅愿意管别人的卫生，而且能整理自己的“一亩三分地”了，至今他还保持着良好的卫生习惯。

六年来，杨老师与他的家长不断沟通，发现问题、解决问题、正确引导，使这个孩子一步步走向优秀。对于这样聪明、有个性的孩子，步入高年级，已经不是家长简单认为的：孩子最听老师的！此时他们萌发了叛逆的苗头，有了自己的思想，但凡老师说的他们不认可的东西，他们不仅会据理力争(尽管他们争的东西是不对的)，而且会私下发牢骚、说老师坏话。如果借着老师的强势压制学生内心的想法，不抹平学生心里的疙瘩，随着时间的流逝，随着学生年龄的增加，师生间的矛盾会日益加深，其造成的结果是老师的课难教，学生不愿意学，这是老师最不愿意看到的局面。为避免这种局面的出现，在日常教学中，老师就应该创设这样的机会让学生随心所欲地表达，在思维的激辩中让学生自觉认识错误并佩服老师。

五年级初，杨老师越来越感觉黄同学爱抱怨了，学会了在背后发牢骚，不是针对哪一位老师，也不是针对哪一件事，而是针对所有的老师、所有的事情。对于这样一个有思想、有个性的学生，老师一般性地提醒和批评他是不放在心上的。有一段时间，各科老师都来向杨老师告状：目中无人、不尊重老师、上课讲话还不承认……几次谈话后，他略有收敛，但是在有些老师的课上，他依然不能做好。杨老师与家长就这个问题沟通了几次，原来在家里，他也会抱怨父母。为此，杨老师和家长都想到了“阳光”这个词语，让黄同学敞开心扉说出心里的想法，引导他正确看待身边的每一件事。在家长的配合下，杨老师在集体中开展“做阳光少年”的活动：有话大声说出来，不窃窃私语；有意见大声提出来，不背后说话……一段时间，班级风气好转了许多，但以他为首的那一小波人还在受着他的影响，尽管他们不参与，但对于上课的老师来说，还是会影响老师上课的情绪。与家长再次沟通，杨老师提出一个办法，家长很赞同，并迫切希望能改变他目前的心理状态。课上，杨老师宣布了一件事，他立刻向身边的人表达他对这件事的不满。杨老师就借着这件事狠狠地批评了他，一是因为他影响了他人的正常判断，扰乱了课堂；二是他没有遵守阳光少年活动的要求，有话不举手大声表达。杨老师既不叫他站起来，也不问他说了什么，直接批评他，然后上课。两节课，老师不看他，他也不抬头，也不听课，在本子上涂涂画画。课堂正常进行，同学们热烈发言，早早忘记了他，他的脸越来越红。对于他来说，这无疑是一种煎熬。中午放学后，杨老师留下他进行了长达一小时的谈话，从两节课入手：“你学到了什么，老师又失去了什么？对于每一位老师来讲，什么都没失去，而你自己长时间失去的东西是无法弥补的。老师之所以关注你，是因为你有被关注的价值……”一番谈话后，杨老师以最快的时间致电家长，告知他们谈话的内容，以便家长再做后续的教育。

这之后，他爱上了学习，尤其写作，多篇文章成为范例之后，他对语文的喜爱更是一发不可收拾。为了进一步巩固已经形成的成果，杨老师特意点名让他成为语文科代表，每天在看似无意的谈话中关注他的言行。半年前，他的十几万字的长篇大作在教师的鼓励和家长的支持下通过了某网的审批，并陆续发表。在区快速作文大赛中，他更是以 95 分的成绩名列第一……

使卵石臻于完美的，并非锤的打击，而是水的且歌且舞。任何同学的成长都离不开学校和家庭的有效沟通，只有两者有效结合才能保证孩子健康快乐地成长，每一位教师都应该在教学的过程中关注教育的方法，这样教育才能取得事半功倍的效果。对杨老师来说，最好的教育就是陪伴。陪着学生，看着学生日渐成长，对她而言是最幸福的事情。

梁敏：南风知我意

梁敏，小学语文高级教师，黄埔区语文骨干教师，区、市优秀中小学班主任、优秀少先队辅导员，区优秀教育工作者、优秀教师。她撰写的德育论文、教学论文、课例多次获市、区奖项；多次参加教师大赛获市、区奖项；多次指导学生参加经典美文诵读大赛，并获市、区一等奖；多次指导学生上课内、外阅读课获市一等奖和二等奖。

梁敏老师

梁敏老师是 2013 年被调入怡园小学的。说起梁老师与怡园小学的缘分，还有一段不为人知的故事。梁老师说，怡园小学给她的印象是高端、大气、上档次，“只可远观”，从没想过自己有一天能成为怡园小学教师中的一分子。

一次偶然的机会，一个朋友打来电话，告诉她怡园小学最近在招教师，问她要不要考虑一下？这可是个千载难逢的机会，梁老师并不想放弃，怎么也得去试一下。

五月的一天，天不冷不热，阳光很足。但当时的她并没有心情欣赏风景，就只想着快点结束。到了怡园小学，接待她的是大方、热情的郑主任。郑主任把她带到了接待室，让她先在接待室准备、休息下，还特意为她准备了瓶水，顿时，一阵暖意钻入了她的心底。

没过多久，郑主任带她来到要试教的二年级二班，学生们很热情，大方地和她打了招呼。当时接待她的是那个班的班主任黄老师。当时，她带的U盘怎么都打不开，她急，黄老师更急。当时黄老师拿着梁老师的U盘就飞奔下去想办法了。没过一会儿，黄老师气喘吁吁地回来了。原来，黄老师拿着U盘去办公室把课件拷到了自己的电脑里，然后从公共盘里把课件调出来了。顿时，一股暖意又涌上心头。不愧是大校，教师也这么大气！

课件打开了，铃声也响了，陆陆续续地来了好多人，教室里围坐了大半圈。可那时，她却没有半点紧张，心里想着尽自己最大的努力，展示最真实的自己就行了。

说起来，可能真的是缘分，虽然她和学生们从没见过面，但那一课却上得非常顺利，学生们的情绪被调动起来了，渐入佳境。她也感觉是在给自己的学生上课，有张有弛，循循善诱，特别默契。一节课很快就结束了，但她好像忘了看看坐在旁边听课的领导和教师，忘了看看他们的反应。

上完课之后，她正忙着收拾上课用的东西，一抬头，一张俊俏清秀的面庞出现在她面前，当时一丝念头掠过心头：怎么会有这么美的校长！接着，陈校长开口了：“梁老师，我想和您谈谈。”那温婉甜美的声音更是给人一种如沐春风的感觉。她知道，陈校长是来告诉她结果的。她当时很坦然，行与不行，都是个“了断”了。可没想到的是，“慷慨、温暖的陈校长当时就告诉我，学校欢迎我来！”她说，“顿时感觉自己心里的石头总算落了地。”但是，她不想隐瞒自己的想法，就把她的初衷全盘托出。当时，陈校长大方地答应了。随后，陈校长带她到了崔校长面前，当时，崔校长热情地向她简单介绍了学校当时的情况，还说，非常欢迎梁老师加入怡园小学的大家庭。就这样，几经周折，她得到了原来学校领导的理解，带着憧憬投入怡园小学的怀抱。

几年间，她在怡园小学找到了新的归属，也有了更多的教育心得。多年从事班主任工作的经验告诉她，要做轻松快乐的班主任，必须走进学生的心里去。对于走进学生的心里，梁老师有两大法门：南风效应和换位思考。

南风效应也称温暖效应，源于法国作家让·德·拉·封丹(Jean de la Fontaine)写过的一则寓言：北风和南风比威力，看谁能把行人身上的大衣脱掉。北风冷风凛凛、寒冷刺骨，结果行人为了抵御北风的侵袭，便把大衣裹得紧紧的。南风则徐徐吹动，顿时风和日丽，行人觉得春暖上身，始而解开纽扣，继而脱掉大衣，南风获得了胜利。

故事中南风之所以能达到目的，就是因为它顺应了人的内在需要。这种因启发自我反省、满足自我需要而产生的心理反应，就是南风效应。由此我们可以知道，教育中采用“棍棒”“恐吓”之类“北风式”的教育方法是不可取的。实行温情教育，多点“人情味”式的表扬，培养学生自觉向上的品性，才能达到事半功倍的效果。

换位思考是人对人的一种心理体验过程。将心比心、设身处地是达成理解不可缺少的心理机制。它客观上要求我们将自己的内心世界，如情感体验、思维方式等与对方联系起来，站在对方的立场上体会和思考问题，从而与对方在情感上得到沟通，为增进理解奠定基础。它既是一种理解，也是一种关爱。

基于南风效应和换位思考的理论基础，梁老师在班级管理上加以实践并充分印证了其可行性和有效性。对于学生之间或者学生个人产生的问题，首先要多方面寻找问题的原因，了解原因之后不要焦躁也不要动怒，找学生聊天，多站在学生的角度思考问题并与其对话，再以朋友或者教师的身份对其进行开导，直到最后打开心结。这个过程看起来虽然简单，但是任何一个环节稍微出了问题，学生的问题都很难得到妥善解决。所幸，有多年管理经验的她，总能屡试不爽。

她教二年级时，有一名学生在买东西时与父母产生了分歧，跟家里人闹起了别扭，想要离家出走。家长特别着急，就打电话给梁老师寻求帮助。梁老师先安抚了家长的情绪，然后等这名学生回学校上课的时候，细心观察这名学生的动态，但是并没有发现异样。课后，梁老师把他留下来谈心。刚开始的时候，这名学生是拒绝交流的，但是梁老师像朋友一样的关心打开了他的心窗，拉近了两人的距离，这名学生愿意跟梁老师说他跟父母之间的事情了。原来，这名学生跟父母之间之所以有这么大的矛盾，其实是因为缺少沟通。父母工作忙，很少有跟孩子谈心的时间和精力。另外，在父母眼中，孩子还是个孩子，什么都不懂，他们觉得孩子的任何要求都是幼稚和无理的。这样问题越积越多，孩子的心理问题得不到及时疏导，仅需一个导火索，问题就爆发了。知道问题之后，梁老师及时跟家长沟通，让家长充分了解问题的症结所在，并使家长改变教育思维和方式，跟孩子一起成长。最后，问题得到了妥善解决。

吾生有涯，而知无涯。梁老师知道，自己身为一位教师，一言一行都会对学生产生影响，所以要常常给自己充电，不断学习，充实自己。梁老师喜欢看心理学方面的书，她说这些书对她了解孩子的心理特点有指导作用。另外，书中有许多教育案例和优秀的教育方法值得她学习。

这位教师，言笑间透露出的优雅与从容，让人心生敬畏却又有如沐春风的快意。这大抵是真正的智者才有的魅力吧！

陆瑞莲：教好书，育好人

陆瑞莲，2009年到怡园小学担任语文教师，曾获黄埔区优秀教育工作者、广州市优秀教师、广州市十佳少先队辅导员、广东省优秀少先队辅导员等荣誉称号。

陆瑞莲老师

宠辱不惊，闲看庭前花开花落；去留无意，漫观天外云卷云舒。陆瑞莲老师常常用这句话提醒自己，要以一种平和而真诚的心态面对自己。她常常说自己只是一位平凡又普通的小学教师。从2009年到怡园小学至今，陆老师在怡园小学度过了十个年头。而要论及她的教育生涯，也整整19年了。

从教以来，陆老师一直担任语文教学工作。工作中，她积极钻研、勇于探索、不甘落后、虚心学习。为了做到有条不紊、有的放矢，顺利完成教学任务，提高教学质量，每学期初，她都积极钻研教材教法、教师参考用书，并根据学生的实际情况，编写具有针对性、导向性的教学计划，以确立学期目标、明确阶段目标，把握好教学重难点。

一分耕耘，一分收获，经过勤奋努力的工作，陆老师所带班的语文成绩每学期均超区平均分。根据自己的积累，她研写的教学论文，多次获得校内外的肯定和嘉奖。另外，陆老师还多次作为黄埔区的教师代表，在全国小学语文发展与创新教育研讨会的各项比赛中获一、二等奖，为学校、为黄埔区争光。

在坚持教好书的同时，陆老师从未放弃过育好人。任职以来，她连续十几年担任学校少先队大队辅导员。学校少先队工作常规扎实、特色鲜明，学校少先队工作一个台阶跟着一个台阶上，2012年先后被评为黄埔区少先队"红旗大队"、广州市"红旗大队"、广东省"红旗大队"、第二批广东省红领巾示范学校。陆老师组织的少先队课题活动受到各级领导和部门的认可和赞扬。

对于陆老师而言，在学校十几年的锤炼，虽然脚步蹒跚但受益匪浅。在十几年的春耕秋收中，她积累了一笔又一笔宝贵的财富。从教十几年，在学校领导的多年栽培、同事们的关心指导和自己的努力工作下，陆老师在教育教学工作上获得了黄埔区优秀教育工作者、广州市优秀教师、广州市十佳少先队辅导员、广东省优秀少先队辅导员等荣誉称号。

教育教学是一门艺术，艺术是无止境的，没有最好，只有更好。陆老师将继续坚持自己教好书、育好人的教育理念，做一位尽管平凡但无愧于心的人民教师。

3. 爱心 · 教育之源

李镇西老师曾说："没有爱心，就没有教育。"爱心，是每位教师必备的教育素养之一，是教育素养中起决定性作用的一种品质。一位名副其实的好教师必须具备这种良好的师德和优良的职业作风，才能在教育过程中，用自己的人格形象教育和感染学生，用自己的行为习惯影响和熏陶学生。

徐焕华：没有爱就没有教育

徐焕华，大学本科学历，小学高级教师，1989 年 7 月从师范学校毕业后，被分配到怡园小学。

徐老师热爱教育事业，钟情于数学教学研究，形成了自己的教学特色，认真钻研教材，用新颖的教学理念指导自己的教学，提高自己的专业水平。多年承担班主任和中队辅导员的工作，深得学生的爱戴和家长的信任，曾多次被评为市、区、学校的优秀班主任，能胜任各年级的数学教学工作，教学成绩优异。曾获得黄埔区教坛新秀、黄埔区优秀班主任、黄埔区优秀辅导员、广州市优秀班主任等荣誉称号。

徐焕华老师

如果要问谁是怡园小学的活化石，那么徐老师肯定算是一个。1989年，怡园小学诞生，也就是在这一年，徐老师从师范学校毕业，服从分配来到了怡园小学，成了怡园小学第一批教师中的一员。一晃眼，三十年过去了。当年那个年轻人，如今成了一位名副其实的老教师。

回忆起当时的怡园小学，徐老师用了这么一句话来说：“它好像是一夜之间建成的学校。”因为当时黄埔区还是广州相对落后的农村，怡园小学那片地也还是一片农田。她说她很自豪，因为她见证了怡园小学从婴儿长成大人的成长过程。她说她是幸福的，因为她能在陪伴怡园小学的过程中慢慢变老。她热爱怡园小学，就像热爱她奉献了一生的数学教育事业一样。

问她几十年坚持做一份工作是否感到枯燥，她不假思索地回答：“没有!”这大抵是因为爱成了习惯吧。我们以为三点一线，日复一日的工作，定会枯燥乏味得可怕。一眼望穿的未来，感觉击不起心里一点点涟漪。于是，我们常常选择逃离。但是，对于徐老师而言，她的三点一线，她的日复一日，每天、每时、每刻都有惊喜，都很快乐，都很幸福。

素质教育在怡园小学践行了30年，每一个“怡园人”对此都有自己的想法。徐老师对素质教育的理解很直接，就是不以分数为唯一标准。从机械的应试教育中走出来的徐老师，对于分数这个评价标准，不夸张地讲，她浑身上下每个细胞都是拒绝的。从痛苦中挣扎出来的她，本能地不想她的学生也经历她曾经历过的痛苦。她说她是幸福的，因为怡园小学自开办以来，就打破了以分数论“英雄”这个评价机制，重视学生个性和特色的发展和发挥，让每一棵幼苗都能开出有专属色彩的花儿。学习不出色的学生，她就注意挖掘其身上的闪光点，并鼓励其发展、展示自己的特长。工作能力强的学生，她就交其一官半职，使其能在管理工作中施展才华，服务大家。

对于教育，她有自己很直接的理解。“没有爱就没有教育。”这短短的一句话，灌溉了她几十年的教育生涯，也将灌溉她一生的教育事业。

让学生学会学习，学会创造，学会生存，学会做人，使学生的人文素质和科学素养得到全面和谐的提升。对于教师而言，这是一个巨大的教育难题。诗人雪莱说："道德中最大的秘密是爱。"心中有爱才能爱人，换言之，爱人者，人恒爱之。爱是她和学生之间的桥梁。

在怡园小学从教几十年，她把自己看成农夫，用爱与知识去播种、去耕耘、去收获。看着一棵棵幼苗一年年长大，她总是很快乐。她还把自己当成学生的妈妈，每一名学生都是她的孩子，都值得她用心、细心、耐心地教育和引导。把自己的学生送出自己的怀抱，送去寻找更好的未来，她每次感受到的都是不舍和牵挂。

她说最快乐的时刻，就是学生回来看望她的时刻，就像出门远行的孩子回来看望家里的老母亲那样，老母亲的心里是暗暗乐开了花的。

在一个天气晴朗的感恩节，静贤回来看望徐老师了。这个孩子远远地看见了徐老师就快步向老师跑过去了。徐老师还没开口说话，静贤就撒娇地说了句："哎呀，老师你抱我一下吧！"徐老师因为这句话怔了一下，心里一阵暖流涌过，感动涌上了心头，伴随着一些莫名的心疼。心里感动于学生回来之后向她索要拥抱，却也担心学生是不是在中学过得辛苦和不开心。她关心学生飞得高不高，更关心学生过得好不好。

长期做班主任，总能遇到一些让她感到头疼的调皮学生，但是她相信爱能融化一切坚冰。对于调皮的学生，不能打不能骂，一味地说教也未必行得通，但是她又不能弃之不理。家长把孩子交到教师手中，是希望教师能把一个更好的孩子交回他们的手中。强大的责任心驱使她了解每一名学生，把握每一名学生的性格特点，给每一名学生展示自己的平台，让他们在爱与鼓励中规范自己的行为，成长为一个更好的孩子。

成长是一个过程，揠苗助长自然是不可行的。教书育人，最基本的心态是静待花开。几十年，徐老师把自己的青春与激情献给了她爱的怡园小学、献给了她爱的数学、献给了她爱的学生。

陈素彬：把爱献给每一个人

陈素彬，怡园小学现任副校长，主管教学工作。多年来，她在教育岗位上兢兢业业、勤勤恳恳，获得了难以数计的荣誉。曾获得广东省南粤教坛新秀、优秀班主任、教学能手、青年岗位能手、十佳青年教师、优秀学科带头人、名教师等称号。在多次技能比赛中取得优异成绩，如黄埔区“我为教坛增光辉”技能大赛一等奖、教学设计评比、课例评选一等奖、高级教师基本功竞赛一等奖等。

陈素彬老师

那是1990年9月，年仅20岁的陈素彬从广州师范学校毕业，经教育局分配来到了这个刚开办一年的小学，做了一名语文老师。屈指一算，陈素彬老师在怡园小学服务已二十多年了。

从一名懵懂青涩的应届毕业生，成长为行业骨干，再成为今天这个踏实能干的主管学校教学的副校长，陈校长在怡园小学完成了这一系列的成长与蜕变。

陈校长说，她感谢帮助过她的教研员，特别是已故的朱景衡老师。正是因为朱老师当年的严格要求才成就了今天这个有执着追求的语文老师陈素彬。

陈校长说，她感谢历任校长对她的栽培。冯咏韶校长是她的第一个伯乐。当年她考上黄埔区电视台想去做播音员时，冯校长不同意。因为冯校长知道，她是属于讲台的，她注定要在讲台上发光发热。她想转科教英语，冯校长也没让。因为校长知道，她是属于语文的，她能在语文领域赢得一席之地。1994年，她获得了广东省南粤教坛新秀的荣誉称号，次年，她因出色的专业表现，出任语文科组组长一职。

崔景华校长是她的第二个伯乐。2006年崔校长鼓励她走行政、抓学科，促全校教科研之路。2008—2009年，学校支持其到香港参加内地与香港教师交流及协作计划，任职两所学校的教学顾问。在交流期间，她不仅开阔了眼界，而且增长了见识。与崔校长并肩作战了十多年，她成了崔校长坚强的臂膀，为她走行政之路积累了丰富的经验。如今，在主管教学工作的副校长岗位上，她游刃有余。

成长的路上，陈老师万幸遇到了人生的伯乐，王晋荣校长、关希晧校长都在语文教学上给予了她很多指导和帮助，她感受到了来自大家的关爱。她知道，这份爱需要她分享和传承。她常常告诫自己要“把爱献给每一个人”，一如她的导师、她的伯乐待她一般。对于她而言，“把爱献给每一个人”便是把自己的知识和温暖传递给他人。对待学校同行如此，对待学校青年教师如此，对待自己的学生更是如此。

在二十多年的教学生涯中，陈老师在语文教学的岗位上，练就了扎实的专业技能和过硬的专业本领。这也让她成了一个实力过硬的导师。在学校“导师工程”的传帮带中，陈老师积极指导，细心培养年轻人，组织他们探讨教学方法，提高教学水平。吴雯倩、刘尧、江贺颜等多位教师更是深入她的课堂，随堂听课。在她的指导下，年轻教师成长得很快，也迅速成了学校乃至学区的教学骨干。每一次的学科教研、学科竞赛都少不了她的指导。

2008 学年，陈老师参加了由广东省教育厅与香港教育局联合举办的“内地与香港教师交流与协作计划”活动，在香港教育局语文教学支援组工作一年。主要到当地的两所学校参与用普通话教中文的推广计划，主要参与备课主持，组织备课会议，策划观课活动，主持并主讲教师专业讲座，与香港教师分享教育教学经验，推动教研风气，并建立教师专业网络，促进了内地与香港的教学文化交流。在广东省“千校扶千校”的计划中，陈老师多次前往梅州谭江中心小学，带上课例，深入课堂亲自指导农村教学。每一年来自不同地区的农村教师到怡园小学来跟岗学习时，陈老师都会上示范课。毫无保留，教学相长，是陈老师对教育最纯粹的理解。

对待同行如是，对待自己的学生，陈老师更是把爱给予每一名学生。婧同学是陈老师遇到的最特殊的一个学生。

婧同学出生的时候因为脑细胞受到损害，影响了运动功能，协调能力很差，走路也不太稳。她的童年有四年是在康复中心度过的。爸爸妈妈为了让她能像其他小朋友一样到学校正常读书，想尽了一切办法。她妈妈说，刚开始练习写字的时候，因为她的手指不灵活，连握笔都有困难，爸爸妈妈特意到康复中心订购了一个练习握笔的小球。她就用这个小球，花了整整两年的学前时间练习写字。

陈老师第一次见到她，就深切地感受到了她眼睛里透露出的坚韧。教了婧同学五年，在她身上，陈老师看到的是自信、乐观、积极与向上。

在学习上，她的动作比别人要慢很多，于是陈老师尽量为婧同学营造一个平等和谐的学习空间，培养她的自信心。课堂上，虽然她的语音有些含糊，声调不太响亮，可大家都愿意仔细聆听。于是婧同学在课堂上也就越来越积极思考和大胆发言了。课堂上常常看到她高举小手，回答问题时也尽量像大家一样响亮。听到她的精彩回答，大家也情不自禁地鼓掌。有一次，一名同学不同意她的意见，她还站起来与这名同学辩论。

陈老师常常告诉婧同学：别人能做到的，自己经过努力也能办到。几年来，婧同学没有落过一次作业，也没有在老师和同学们面前掉过一次眼泪。

婧同学的手部动作相当不协调，要把一个字工工整整地写在田字格里对于她来说是件难事。一次放学，陈老师留下她，让她跟着自己学写字。陈老师把字一笔一画地写在本子上，让她模仿自己的字体在田字格中写。只见她吃力地握着笔，跟着陈老师一笔一画地描。“不行！出界，重写！”“还是出界，再重写！”陈老师语气严厉，婧同学抿着嘴，一句话不说，一笔一画继续写。写了将近十次，“我”字依然是出格的，此时陈老师有点泄气，也不忍心再这样对她了，怕她受不了。

“老师，让我再练几次！”婧同学坚毅地说。

说完她接着往下写，看着她一脸认真，陈老师又握着她的手重写了几次。

就这样，婧同学的字越来越端正，只要给她充裕的时间，她一定能写得很漂亮。家长会上，陈老师把全班的字展示出来，并把婧同学的字放到最中间，看见的人都为她的进步感到惊讶！

婧同学是个爱阅读、爱思考、理解和表达能力都较好的孩子。陈老师自从发现婧同学身上这些闪光点之后，便鼓励她写作。对于婧同学的创作，陈老师都会认真修改，并请她妈妈为她打印保存。一次偶然的机会，陈老师认识了《现代小学生报》的编辑。陈老师告诉了他婧同学的事情，他很感兴趣。于是陈老师把婧同学的作品和介绍整理后寄给了他，不久《现代小学生报》就为婧同学出了一个专版，题为《特别的爱给特别的你》。自此，婧同学更加热爱语文学习。

德高为师，身正为范。陈素彬老师用二十多年的教育实践诠释了这言简意赅的八字箴言。对于怡园小学，她有极深厚的情怀。校园里的杜鹃花、异木棉、茉莉花、大王椰、小叶榕一草一木，无不见证着她成长的足迹。对于语文教育，她有百分的热爱。美丽的诗行，动人的情节，一字一句，仿佛就在诉说着她无悔的青春。二十多年，她把全部的爱给了怡园小学，给了她的每一名学生，给了她的语文教育事业。在花的海洋、在诗的国度里，她将继续默默地耕耘着，享受着。

吴桂清：待到山花烂漫时

吴桂清，1997 年进入怡园小学至今，担任语文、品德教学及班主任工作。吴老师 2003 年被评为小学语文高级教师，2005 年被评为广州市小学品德优秀教师，2010 年被评为广州市优秀班主任。她曾多次参加省、市、区的公开课、实验课和录像课，并获得了优异的成绩。课例《司马光》在 2001 年广东省中小学多媒体环境及基于网络环境下的优秀课例和教学设计中获二等奖；论文《信息技术与小学德育》获省三等奖；录像课《妈妈的爱》获全国三等奖；《惊弓之鸟》被评为广州市市级优课，等等。

1997 年，吴老师大学毕业来到了怡园小学，从事她喜欢的语文教育工作。如今，二十多年过去了，当年那个青涩的丫头也迎来了成熟的模样。二十多年专注于教育，吴老师不知疲倦。若说教师是一个园丁，那么吴老师这个园丁，栽培的很多树木都已经开花结果了。

吴桂清老师

回想起刚到怡园小学那一年，第一次接管班级，第一次做班主任，一切还是手忙脚乱的，无所适从。十天后，吴老师迎来了人生的第一个教师节。她心里寻思着，这个陌生的节日，似乎除了日历里写着的“教师节”和学校发的节日福利，应该留不下什么值得铭记的印记的。像往常一样，在上课铃响之前，她就收拾好上课要用的书本和资料往教室走去。当她推门走进教室时，教室瞬间安静了下来。她心想：“这群孩子怎么今天这么自觉了?!”她心里乐了一下也没再多想，就面带微笑地走上了讲台。当她准备要喊上课的时候，学生们一同唱起了歌：“静静的深夜群星在闪耀，老师的房间彻夜明亮……”唱完之后齐声祝她节日快乐。那一瞬间，吴老师感觉自己是全世界最幸福的人。那一刻，一位教师的自豪感油然而生。时间一晃，二十多年过去了。往后的每一个教师节，学生都给她带来了很多惊喜和感动，但是印象最深的，还是那第一次。第一次惊喜、第一次被信任、第一次被惦记、第一次被感动，都深深刻在了她的脑海里。随着时光穿梭，记忆不曾消减一分。也许是感恩于这样的爱与感动，吴老师二十多年来任劳任怨，兢兢业业。

吴老师说，也许是冥冥中注定的，她带的每一届学生中，总会有那么一两个特殊的学生。对于这些学生，老师免不了要花更多的心思在他们身上。但是吴老师从来不觉得辛苦，也从来没想过要放弃他们。她始终相信，只要给他们足够的爱和适当的教育，他们是能开出美丽的花朵的。

在她带过的学生中，曾经有一个临界自闭症的学生，他不喜欢说话，不爱跟同学玩，常常把自己与世界隔绝起来。社交几乎为零，更别说成绩了。家长很心疼也很着急，妈妈甚至亲自辅导功课，但是收效甚微。一年级的时候，这名学生的考试成绩总是在二三十分之间徘徊，零分的情况也是会出现的。

吴老师决定尝试让这名学生走出自己的世界，激发他学习的信心和兴趣。于是，她决定帮这名学生“作弊”。平时遇上有测验的时候，对于那些题目，他几乎是不会做的。吴老师就悄悄地走到他身边，告诉他正确的答案。评卷的时候，吴老师总会给他九十到一百不等的高分，然后发试卷的时候，就会当众表扬他的进步，让他感受到被他人认可带来的快乐。有一天，吴老师发现，他开始抬头听课了。这个小小的动作，对于吴老师而言，就是天大的惊喜啊！

很快，期末考试来临了。这次考试，吴老师感觉到前所未有的忐忑，仿佛上考场的人是她自己一样。由于公开考试，吴老师不是监考老师，不能像往常那样走到这名学生身边教他做题，怕他会因为不会做题而自信心受到打击。但是，结果出来之后，吴老师的惊喜盖过了之前所有的担忧。这次考试，他凭着自己的努力，考到了七十分的好成绩！相比之前的二三十分，他的飞跃进步是有目共睹的。吴老师继续是以表扬和鼓励为主，关注着他的每一步成长。

二年级的时候，吴老师发现，他会听课了！沉默了一年的他，终于会举起自己的小手想要发言了！三年级的时候，普通的考试他都能上九十分了。他的成绩上去了，自信心增强了，心情也好了。慢慢地，他愿意打开自己的心门，欢迎朋友们“入住”了。

看着他顺利毕业，吴老师悬着的心总算放下了。对这名学生的教育经验让吴老师切身体会到因材施教的重要性。教育需要因对象的不同而采取适当的方式方法。

对待不同层次的学生，吴老师也有自己的一套教育方法。对于低年级学生，不能操之过急，要有足够的耐心，相信他们总会长大的。低年级的学生大多还没开窍，注意力不集中，容易游离于课堂之外。做老师的不能总是对他们发脾气，要悦纳他们这个年龄段的特点，采用正确的方法教会他们守纪律，教会他们养成好习惯。对待高年级的学生，要以表扬和鼓励为主，让他们学会自主学习和探究。

吴老师善于建立家校统一战线，通过家委会的配合来开展班级建设和管理工作。有一年儿童节，吴老师带的一年级的家委会组织了一次集体课外拓展活动。此次活动由家委会成员牵头组织，在某酒店包了一个场，给每一名学生上台表演的机会和平台。活动激发了学生的表现欲望，“身怀绝技”的学生们个个都想上台展示自己的才华，所有的学生都在那里找到了存在感。那次活动，增进了学生之间的友情，拉近了亲子关系，也密切了家校之间的联系。

在二十多年的教育生涯中，吴老师始终把“有教无类”作为座右铭，以指引着她的教书育人工作。在她看来，教育是公平的。不管什么人都可以接受教育，不因为贫富、贵贱、智愚、善恶等把一些人排除在教育对象之外。所以，无论正常的学生还是特殊的学生，她都一视同仁，给予他们需要的关注和教育，赋予他们平等的成长、成才的平台和机会。

如果说小学是一片快乐的原野，那么小学生就是一朵朵含苞待放的山花。吴老师说她有足够的耐心去等待每一朵花开。待到山花烂漫时，她在丛中笑。

徐飞飞：幸福如此

徐飞飞，自2008年在怡园小学任教至今，担任语文教师、东校区德育副主任工作。她曾获黄埔区十佳少先队辅导员，广东省优秀少先队辅导员、广州市优秀少先队辅导员，广州市羊城最美教师，广州市美文诵读优秀指导教师等荣誉称号。

她与怡园小学的缘分，开始于2008年广州市黄埔区教育局招聘的时候。出生于辽宁的徐老师，不远万里，一路过关斩将，最终成了广州教师队伍中的一员。她说她很幸运，幸运地被分到了怡园小学。

从遥远的辽宁来到广州，陌生的环境、截然不同的生活习惯，并没有使徐老师感到“水土不服”。或许是因为这里有她热爱的职业，有爱她的同事和学生吧！

徐飞飞老师

从大学毕业走进小学课堂，从一个学生到一个教师的角色转变，这个过程如果仅靠自己，势必会走很多弯路。她说她很幸运，来到怡园小学之后，学校给她安排了优秀的导师为她指点迷津。导师会发现她身上的闪光点和不足之处，帮她扬长避短；会到课堂上听她上课，并根据自己的教学经验，给她最真诚和中肯的建议。她说，她的导师特别谦虚，从来不说“我认为你怎么样”这样的话，而是首先表扬、鼓励她，其次才会就相关问题提出自己的观点以供讨论。她常常听到的是“要是我的话，我可能会(怎么做)”这样的话。这些话，让人听起来很舒服。在怡园小学的快乐，一部分是成长的快乐。

毕业来到怡园小学，承担一年级的语文教学及班主任工作。在与学生相处的日子里，她跟学生建立了很深的感情。她说她基本上就是学生在学校的妈妈，她也乐于扮演这样一个无比幸福的角色。印象最深的是，第一年带的班里，有一名学生，从小就失去了妈妈。这名学生下课之后，常常会跑向她寻求温暖的怀抱。知道其中缘故的徐老师，从来不吝啬自己的拥抱，还常常与她聊天。有一天，这名学生伏在她怀里，问了一句：“老师，你知道我妈妈去哪里了吗?”她被这名学生一问怔住了。这么小的孩子，不知道心理接受程度到了哪里，徐老师便委婉地对她说：“你妈妈去了很远很远的地方。”这名学生抬起头红着眼眶说：“不是的，老师，妈妈已经不在了。”徐老师鼻子一酸，心里五味杂陈，轻轻地拍着她的后背，对这名学生说：“妈妈虽然不在你身边了，但是她还是很关心、很爱你的，你也要做一个让妈妈放心的孩子。”她听完，哇哇地哭了起来。徐老师紧紧地抱着她，拍着她的背，直到她停止哭泣。过了好一阵子，她抬起头来，叫了徐老师声“妈妈”。那一刻，徐老师明白了，在学校她的身份是双重的，既是学生的老师，也是孩子的妈妈；在课堂上，她是教授学生知识的教师，在课后，她是陪伴孩子们快乐成长的妈妈。这样的双重身份闪耀出来的母性光辉，让她不止一次地感觉到作为一名人民教师的快乐与幸福。

东校区开办之后，徐老师就被安排到东校区上课。原来那一班学生知道之后，都特别舍不得她，但是又因为上课的缘故，不能去探望她，于是在教师节那天，全班学生联名写了一封信，每人还做了一张贺卡托人带给徐老师。信里、贺卡里稚嫩的文字，承载着的却是满满的爱与感动。那一刻，她充分体会到了“教师是太阳底下最光辉的职业”这句话的深刻含义。几十张贺卡在她手里，感动、快乐之余，最重要的还是责任。因为教师的工作，承载着那么多学生的信任，她岂能辜负这一份份信任与爱？

她常说，同事的帮助、鼓励与包容让她如此幸运、不断成长；和学生相处的时光让她深刻体会到“太阳底下最光辉的职业”的幸福。面对一张张憧憬的脸庞，她常问自己：“还能做些什么，让学生们更好地成长？”——除了课上的讲授与课下的陪伴，她还能做的就是不断打造更好的自己，带着孩子们成为更优秀的“我们”！

学生越来越喜欢她，一下课便蜂拥而至，从羞涩到侃侃而谈，教学相长一起成长为更好的“我们”……幸福如此，职责如此；温暖如此，成长如此。

钟飞辉：师者父母心

钟飞辉，1990 年因工作调动来到怡园小学任教语文并长期担任班主任一职。她曾获黄埔区优秀教师、广州市优秀少先队辅导员、广州市优秀班主任等荣誉称号。

钟飞辉老师自从 1990 年来到怡园小学，便一直从事语文教学工作。多年来，她始终坚持“认真钻研教材，结合学生实际，注重激发兴趣、培养良好的习惯”的教育教学理念，引导学生轻松学习、乐于阅读、积极参加户外活动。

钟飞辉老师

钟老师一直从事中低年级的教学工作，在她的语文作业中，从来没有机械抄写词句这一项。她说记得她小时候读书，最反感的就是重复抄写生字词、甚至文段。为了不把自己曾经受过的痛苦强加在学生身上，钟老师使用一种简单而又行之有效的作业方法——重视听写。每学完一课，钟老师会布置家庭听写作业。第二天回学校老师再在课堂上给学生重新听写一遍。这样学生既免去了机械抄写的困扰，又促使家长及时了解孩子掌握生字的情况，并根据孩子对生字词的掌握程度而决定听写的词量，使大多数学生避免重复性的练习，达到事半功倍的效果。

曾有家长担心孩子作业少而导致成绩跟不上，但事实证明，轻松的作业并不会影响孩子的成绩，反而能为他们节省很多时间，让他们参加适量的体育活动和阅读有益的课外书，使他们不但能比较轻松地学到课本知识，而且激发了他们积极参与运动健体和课外阅读的兴趣和习惯。在她看来，阅读和运动在调节人的情绪，塑造人的品格方面都有着无可替代的作用，钟老师希望学生们乐于阅读和运动的习惯能伴随并影响他们的一生。

在班主任工作中，她把语文教学、班队会、午会等课堂活动与班级实际情况结合起来，特别注重对学生的品行和习惯的教育，重点抓好对专心、认真的学习习惯，为人友善、乐于助人、孝敬长辈、诚实勇敢、热爱劳动等品行习惯的培养。家长和教师从各方面了解孩子的个性、心理等特点，进行有针对性的引导和教育，通过在班级里开展有关品行方面的评比，实施严明的奖惩措施，学生的好习惯和品质得到了大力宣扬和鼓励，不良的品行习惯得到有力遏制。学生们良好的品行习惯渐渐培养起来了，良好的班风学风也就自然形成了！

回忆那么多年的班主任工作经历，她说有一个学生让她印象极深。那是她带的一个一年级男生，他父母的婚姻处于严重失衡甚至分裂的状态，他的妈妈常常把婚姻的压力加在他身上，时不时在孩子面前说爸爸的坏话，在孩子心中种下了仇恨、暴力的种子。孩子在学校的情绪特别不稳定，受不得半点委屈，动不动就闹着要自杀，搞得人心惶惶。

为了解决这名学生的问题，钟老师决定从他的家人入手，做好他妈妈的思想工作，让妈妈多给孩子讲些阳光、快乐的事情，多带孩子到户外玩。同时，做好爸爸的工作，让爸爸有空常回家，多陪陪孩子。她在做好家长的工作之后，还跟科任老师做好沟通，告诉他们这名学生的情况，让大家对他多给予关爱和鼓励。在多方努力之下，这名学生慢慢地朝着好的方向改变了。

钟老师说："对于这个孩子，我并没有过多的要求和过高的期待，他能感受到集体生活的温暖，有平和的心态，正常融入社会就好。"这简单的希冀，何尝不是一颗赤诚的"师者父母心"？

梁少兰：用爱来交换爱

梁少兰，于1992年毕业于广州师范学校数学专业（大专），2000年取得教育管理本科学历。她是小学高级教师，现担任黄埔区怡园小学教导处主任，是广州市首届名班主任培养对象，学校、区骨干教师。她曾被聘为广州市班主任理事会成员，曾获黄埔区数学优质课一等奖，黄埔区英特尔未来教育项目教学创新竞赛二等奖，获全国"金海航杯"录像课三等奖。曾被评为广州市优秀班主任、区优秀教师、区优秀中队辅导员及师德先进个人等。2011年她被授予广州市首届名班主任称号；2012年她开始积极参加广州市卓越教导主任培训。

梁少兰老师

对于教育，梁老师试着用爱心打开每名学生的心门，她成功了。爱心让她发现：每一扇门的后面，都有一个不可估量的宇宙；每一扇门的开启，都有一个无法预测的未来。于她而言，她面对的不只是几十双求知的眼睛，而是一个需要用爱来倾注的浩瀚海洋。

梁老师说，在读师范的时候，她曾用少女特有的浪漫去设计自己美好的未来，用自己火一样的热情和赤诚去描绘自己未来的事业。然而，现实并不像伊甸园的菩提果那般完美和甜蜜。当班主任的担子沉沉地压在她柔弱的肩头的时候，当一个个不谙世事、淘气调皮的孩子站在她面前扮鬼脸、耍滑头的时候，当涉世未深、对教育教学规律认识浅显，对困难艰辛估计不足的她教化他们的时候，她才真正体会到教师平凡工作的滋味，体会到其中的艰辛和压力。

她曾哭着对校长说："我不想当班主任了！"就在她彷徨准备逃避时发生了这样一件事，这件事深深地触动了她，使她从迷惘中寻回了自我，在退却时坚定了自己初衷。那一次，她生病在家休息，全班40多名学生一起来到她家，他们有的手持鲜花，有的拿着两个苹果，有的拿着一包饼干，还有的拿着一大瓶可乐来看望她……有的学生问道："老师你怎样了?"那些走在后面的学生挤不进门就在门外大声地喊着，"也该轮到我们进去看看老师了！"那一声声问候，怎能让她不感动呢！学生虽然顽皮，但他们有一颗诚挚的金子般的心。那让她久久难忘的场面，更加坚定了她要用朋友之爱去构筑师生桥梁的决心，也让她感悟到爱是教师的原动力。

从那以后，她日夜兼程，十几年如一日默默地奉献着。她说，可能她在事业上永远也不能轰轰烈烈，但她要始终以普通园丁的身份默默耕耘下去，但求无愧于心。

在梁老师心中，每名学生都是一张白纸，她在上面用爱心描绘。她执教的班里有一名宇同学，他聪明，但上课不听讲，不做作业，课后老与同学打架。有一次，他居然拿着水果刀追着同学喊打喊杀，梁老师无法容忍他这样野蛮的行为，严厉地指责了他。宇同学用沉默表示反抗。

当时她很生气，但没办法，只好让他家长先把他带回家，结果回到家后，宇同学遭到他爸爸的一顿打骂。晚上九点，梁老师接到宇同学妈妈的电话，得知孩子被打而离家出走了。放下电话，她立马换好衣服，推车出门，以最快的速度赶到宇同学家，与他的妈妈一起找人，终于在十一点多才在怡园小区的一个小亭子里找到了他。他不肯回家，梁老师费尽了口舌，口水都说干了，他才勉强地回家，可是回到家后他爸爸一直没理他。后来，在与他妈妈的交谈时，梁老师才知道，原来小时候有一次他与弟弟在阳台上玩，弟弟不小心从二楼摔了下去，虽然弟弟身体没有大碍，但他爸爸一直怪罪于他，并对他很有偏见，动不动就是打或骂。父亲的冷遇，导致宇同学思考问题比较偏激，有自我保护的潜意识和暴力倾向。

找到问题的症结后，梁老师多次与宇同学的爸爸交流，建议他对宇同学倾注更多的关爱，只有这样才能改变宇同学这种偏激的思想。课余时间，她开始尝试与他接触、交流，起初，他心存戒备，只听不说。直到有一天，不知他受到什么刺激冲出教室要去跳楼，在校吃饭的同学被吓得赶紧把前后门关上并守着，同时一些同学到饭堂找梁老师。梁老师当时什么也没想以百米冲刺的速度跑回教室，用力拉住他，他却拼命挣扎，这时校长也赶过来了，及时制止了他。校长把梁老师拉到一边小声说："你不要命了，不为你着想，还有肚子里的孩子呢！你先回办公室稳定一下情绪，回头我再去找你。"因为当时梁老师怀孕不到三个月。后来校长与宇同学谈了很久。第二天她的桌面上压着一张小纸条，上面写着：老师，对不起！下面的落款是他的名字。她惊喜极了。他终于会说"对不起"了，就这样，他们心灵的距离拉近了。

他太需要爱了，梁老师下决心去关爱他，多从他的角度去思考问题。她在班里组织了一个小组，目标是多与宇同学玩，与他沟通，关心他，帮助他。中午放学，梁老师还让他留在学校写作业，听写英语单词，有时晚了还会请他一块儿吃饭。因为他妈妈要照顾弟弟又要卖菜，没空照顾他，所以她时常买饭给他吃。终于，宇同学开始认识到自己的不足，真真切切地感受到老师和同学对他的关注和关爱了。

希望的火种点燃之后，他像换了一个人似的……毕业那天，当他手捧“进步奖”的奖状时，大家把手都拍红了，梁老师欣慰地笑了。她鼓励他要自尊、自立、自强、坚强地走好人生之路！第二年的教师节，他给老师寄来一张贺卡，上面写着：老师，祝您教师节快乐，谢谢老师对我的爱！过了很长一段时间，梁老师遇到宇同学的妈妈，他妈妈对她说：“梁老师，谢谢你！你知道吗？你开始教他的时候，他悄悄地对我说，梁老师像还珠格格里的容嬷嬷，但后来他却说梁老师像令妃娘娘了，老师你真厉害。”

学生的成长，使梁老师体会到爱的伟大，感到在学生的健康成长过程中，尤其在心理健康方面，教师肩负着重大的责任。马克思说得好：只有用爱来交换爱，只有用信任去交换信任。在她任教的班里，“童心”与“师爱”相互交织，一股信任、尊重的暖流汇集成奋发向上的凝聚力。

黄少敏：爱与榜样

黄少敏，1991年6月毕业于广州师范学院数学专业，同年7月被分配到怡园小学任教。黄少敏老师1992年9月取得小学一级教师资格，1998年11月取得小学数学高级教师资格。她1995年被评为全国小学数学奥林匹克竞赛优秀辅导员；1997年被评为广州市优秀共青团员和区优秀团队工作者；同年获得广州市特百惠小学生品学进步奖优秀教师奖；2013年荣获广州市优秀中小学班主任称号。

黄少敏老师

黄老师喜欢阅读，尤其喜欢阅读与教育有关的书。魏书生的《班主任工作漫谈》，李镇西的《走进心灵》，孙云晓的《习惯决定孩子一生》等书，她都一一细读并把其中一些优秀的教育方式和手段运用到了自己的教育工作中。

陶行知先生“没有爱就没有教育”这句话，对黄老师的教学生涯产生了极大的影响。师爱是一股强大的教育力量，学生只有“亲其师”，才能“信其道”。爱是教育成功的关键，是一种积极的情感，它可以使人精神愉快，给人以温暖和动力。每一名学生，都是她的孩子，优秀的学生她喜欢，后进生她也不放弃。

对于后进生，黄老师充分认识到教育的长期性和反复性，坚持用心转化他们。后进生由于自控能力差，不良习惯多，所以经常会“旧病复发”，她并没有因此而放弃，而是始终相信教育的力量，相信每个人都有自己的优点，都能发光发亮。

在她的班里，有一个女生，她比其他的学生早熟。这名学生有个不好的习惯——嘴馋，常常管不住自己的嘴，无论在什么场合都喜欢吃零食，这对其他学生造成了不良的影响。黄老师找她谈心，跟她交朋友，还对她“委以重任”，让她跟其他女同学讲青春期的特点。这名女生觉得自己被关注、被重视了，一下子就开朗起来了。她很聪明，稍微一提醒，就懂得正视自己的问题了。此外，黄老师知道这名女生字写得好看，就安排她出黑板报，让她感觉自己在班里是个重要的、被需要的角色，这样她就慢慢地改掉了自己不良的行为习惯。

榜样的力量是无穷的。在生动的故事中，学生能受到很好的教育。于是，黄老师就给学生讲起了心理学家戈尔曼的“糖果实验”。故事讲完后，她问学生：“你们喜欢当得到一颗糖的孩子，还是喜欢当得到两颗糖的孩子？如果想得到两颗糖，我们平时要怎么做呢？”学生们都表现出了极强的上进心。在以后的日子里，碰到学生们纪律松散时她就会问“还记得两颗糖的故事吗？”他们就会马上严格要求自己。她还经常大力表扬那些认真学习的学生，让其他同学有榜样可学。

一切师德要求都基于教师的人格，因为师德的魅力主要在人格特征中表现出来。所谓为人师表、以身作则、循循善诱、诲人不倦等，不仅是师德规范，而且是教师良好的品格特征的体现。在学生心目中，教师是学生的楷模，是学生父母的替身，教师的人格能产生身教重于言传的良好效果，学生往往从教师的言谈举止中发展自己的性格。黄老师也注意处处严格要求自己，凡事从自身做起，言行举止都要求自己能为学生树立榜样。

爱与榜样，是黄老师教育生涯的主题词。用爱呼唤爱，用榜样塑造更多的榜样，黄老师无愧于她身上所有的光环与荣誉。

(二)寓教于乐育幼苗

教学是教与学的交往互动，师生双方相互交流、相互沟通、相互启发、相互补充，在这个过程中教师与学生间进行情感交流，从而达成共识、共享、共进的高度，进而实现教学相长与共同发展。荀子曾提到过学无止境的观点。每时每刻都能学习和进步的体验是非常快乐的。思维无意间碰撞出来的火花，比苦思冥想之后的豁然开朗，也许更振奋人心。怡园小学的教师，以三尺讲台为自我进益的学堂，在教中学，在学中乐。

1. 被关在城堡里的“a”公主

给三年级的学生讲关于五个元音字母“a、e、i、o、u”在开音节词中的发音规律，是最令教师头疼的了。

学生虽然掌握了五个元音字母的发音，但是他们不懂什么是开闭音节，也不明白长短元音，国际音标对他们来说就更难了。可是怎么样才能让他们掌握音素的基本概念呢？

英语老师戴虹心里装着这个问号，但一时也想不出其他的好办法。

带着疑虑，戴老师开始给学生们讲CVC(C代表辅音字母，V代表元音字母)单词的结构，如map、bed、pig、dog、bus。为了让学生理解这种单词，她指着“map”问一个学生：“你看元音a的前面和后面是什么呢？”

“有两个辅音字母。”

“对呀，元音字母a在中间，前后有两个辅音字母，这两个字母就像前后两扇门一样。”

说到这里，戴老师随口问了一句：“为什么会有两扇门呢？”

话音刚落，一个男生举起手回答："因为这是城堡里的两扇大门，元音字母 a 被关在里面了！"

这一句话一下子给了戴老师灵感。城堡里的两扇大门，城堡里应该还有王子和公主，这不是我们最熟悉的童话故事吗？

戴老师灵机一动，说："我给大家讲个故事吧。从前，在字母王国里，有位聪明的公主叫'a'。一天，公主被怪兽抓到了城堡里，两扇大门把她紧紧关住了。被施了魔法的公主变了模样，连她自己也认不出自己了，天天哭着喊[æ][æ][æ]。就在这时，来了一位英勇的王子'e'。他躲在城堡的后面，屏住呼吸不说话，向困在城堡里的公主施展了法力，解除了公主的魔法。王子救出了公主，公主也重新变回了自己，开心地喊到，'我是[ei][ei][ei]。'王子把公主带回家，从此过上了幸福的生活。"

故事刚讲完，学生们就拍手鼓掌，有几个女生说："太好了，王子和公主多幸福呀！"

在这故事背景下，戴老师写了一连串开音节单词：make、bate、date、lake……学生试着用故事里的情节理解这些单词的发音，很快就读出了这些单词。

乘胜追击，戴老师把"a"换成有关"e、i、o、u"的开音节单词，如同破竹，学生全都会拼读这些单词了。

2. 教室里来了一位"不速之客"

这是上午的第四节课，铃声刚刚响起，学生们端端正正地坐着等上课。忽然，一名不速之客打破了原有的安静。一只蝴蝶从窗外飞进了教室，迷路似的在教室盘旋许久也没飞出去。有人低声说了声"蝴蝶"，班上的学生全都放下手中的书本，抬起头看这只蝴蝶。

吴雯倩老师暗自嘀咕："今天还有许多课要讲，可不能为了一只蝴蝶浪费太多时间。"正当吴老师准备提醒学生们开始上课时，蝴蝶却被风扇扇叶击中，急速落在了地上。

"啊！"学生们一个个紧张地叫出声来。

吴老师想，学生此时的心思全在这只蝴蝶身上，不如顺水推舟。

吴老师一个疾步上前，学生们见状，也都一个个拥过来，将吴老师围在中间。后面个子小的同学看不见，一个个着急地踮着脚扒着人群，也想看看这只蝴蝶怎么样了。

吴雯倩老师

坐在蝴蝶旁边的男生，正准备往奄奄一息的蝴蝶身上踏上一脚，以显示自己的“英雄气概”，却被吴老师制止了。吴老师一边把蝴蝶轻轻放在投影台上，一边示意大家回到座位上。“既然大家都想看这只蝴蝶，那就一组组排着队来看吧，但是只许看不准动！”

大家的好奇心和观察力在这一刻被完全激发出来了，一个个伸长脖子，瞪大眼睛，有的在数蝴蝶翅膀上的斑点，有的担心地检视蝴蝶有没有受伤，有的则被蝴蝶绚丽的颜色吸引了。在后面排着队的同学等得不耐烦了，不停催促着：“看完了快换下一个！”

一只普通不过的蝴蝶，平常或许都不会被大家留意到，现在却成了学生们的焦点，这不正是一个很好的观察写作课吗？想到这里，吴老师开始指导学生们写关于这只蝴蝶的观察日记，查一查关于蝴蝶的资料，看蝴蝶的动作，想象蝴蝶的心理。

一名不速之客，激发了学生们的好奇心，引发了一堂生动活泼的观察课，这是令人意象不到的。知识就蕴藏在生活中，把握住身边的教育契机，为我所用，就能更好地启发学生。

3. 音乐课上的切分节奏

Doe，a deer，a female deer；

Ray，a drop of golden sun；

Me，a name I call myself；

Far，a long，long way to run；

Sew，a needle pulling thread；

La，a note to follow Sew；
Tea，a drink with jam and bread；
That will bring us back to Do (oh-oh-oh)。

——《音乐之声》的插曲《Do-re-mi》

熟悉的《Do-re-mi》旋律将人带入了节奏的世界。节奏是音乐的骨架和灵魂，是表现歌曲情绪的重要手段。莫清瑶老师的“切分节奏”一课在动人的歌曲中开始了。

莫清瑶老师

节奏无处不在、无处不有，我们生活在声音的世界里。莫老师问大家：“生活中有哪些你熟悉的节奏呢？”

“下雨天雨水打在窗上的声音，哗哗地响。”

“体育课时，大家在操场上跑步的声音！”

“夏天的晚上，路边总会传来青蛙的叫声，呱呱的声音很有节奏！”

学生们七嘴八舌说起来，莫老师给大家放了一组 2/4 拍的铃鼓拍，让大家比较这些节奏是否相同。随后分小组讨论，她让各小组分享自己的观点，再对学生进行点评。这样的一堂音乐课，莫老师起到的是引导作用，聆听、思考和交流则交给学生，让学生掌握学习的主动权。让学生从生活体验出发，学习和理解新事物。

怡园小学体验式学习的探索，旨在通过实践来认识周围的事物，与亲身体验相联系，让学生成为课堂的主角。教师不再是单方面地传授知识，而是利用多种方式让学生全身心投入到学习过程中，在亲身体验中掌握知识和技能。这种学习方式是寓教于乐的学习，对于学生来说，这种学习更是一种人生的重要体验。

二、雏鹰展翅，圆梦怡园

教育家苏霍姆林斯基曾说：“学生来到学校里，不仅为了取得一份知识的行囊，而且为了变得更聪明。”在怡园小学，学生学到的不仅仅是知识，收获的不仅仅是成绩，他们还参与了更多的活动与社会实践，磨炼了意志，形成了健全的个性，学会待人处事的智慧，成为能够自主发展的人才。

(一)经典阅读润童年

李睿喆同学是学校少先队大队委和班级大班长，曾获黄埔区十佳少先队员、黄埔区优秀少先队员、最美南粤智慧少年和最美怡小少年等荣誉称号，是品德优秀、成绩优异、全面发展的优秀学生。

她学习积极主动，热爱阅读，凭借着坚忍的意志和刻苦钻研的精神，数次获得年级和班级期末总分第一的好成绩，每学年都被评为三好学生、智慧之星、学习之星。她积极参加各种校内外的知识学习和竞赛并取得了优异的成绩。

自入学以来，李睿喆一直担任班长、大队委、科代表、学习组长等各项职务，热爱集体，工作积极主动。对学校、大队部教师分配的任务都能尽职尽责地完成，并主动积极配合大队部辅导员和班主任做好各项工作。她还远赴井冈山参加全国红领巾国旗班手拉手活动。她严于律己，擅长管理，具有优秀的组织协调管理能力，是同学的好榜样、教师的好帮手，因此她在学校数次获得优秀少先队员、优秀学生干部、“善正”少年、最美“怡小”少年等荣誉称号。

李睿喆多才多艺、爱好广泛，多次代表学校和班级参加市级、区级和校级各类比赛，获得广州市第七届学校艺术节舞蹈比赛二等奖、黄埔区第九届学校艺术节舞蹈比赛一等奖、黄埔区中小学艺术大赛中国舞比赛一等奖、第二十六届校运会田径比赛女子100米冠军、立定跳远冠军等，为学校和班级赢得了荣誉。

李睿喆不但成绩优异、工作积极负责、文体全面发展，还具有优秀的思想道德品质。她还经常关心和帮助同学解决学习上和生活上的问题。积极为学校和社会上需要帮助的人捐款，并在每年学校开展的公益跳蚤市场上把自己最爱的玩具和书籍拿出来出售，为班级筹得更多爱心捐款。

对于爱读书的孩子，书伴随着他成长，引领着他走向成熟。

我性格开朗、好学爱动、爱好广泛，我的生活多姿多彩！

我热爱学习，因为学习丰富了我的知识，扩展了我的视野，增长了我的智慧，让我一点一点了解了我所在的这个世界是多么的奇妙！因此，每天上课，我都会认真听讲，积极发言，认真汲取老师传授给我们的知识；课下，我会一丝不苟地完成作业，巩固已学知识，力图做到“温故而知新”；同时，为了强化课上学习的效果，我每天都会预习第二天的课程，这样上课时就能有的放矢地解决疑难问题，做到事半功倍了。

阅读，是我最喜欢的学习方式，无论平时学习有多忙，我每天都会抽出至少一小时的时间来阅读，而假期就是我最快乐的阅读时光。最多时，一个假期，我阅读了近三十本书呢！就这样，我不但知道了牛顿定律、阿基米德定律，知道了天干地支、斗转星移，还知道了《飘》中所描述的美国南北战争……

李睿喆同学

我的爱好不仅于此，我还积极参加各项活动和兴趣班。我不但是学校的大队委，还是班级的大班长，每天为学校、班级和同学服务，锻炼了我的能力、扩大了我的视野、提升了我处理问题的能力，让我交到更多的朋友，让我乐此不疲！此外，我学习了钢琴、舞蹈、语言艺术，参加了校田径队、舞蹈队、合唱队、鼓号队、国旗仪仗队等活动，真可谓“爱好如此之多，让无数同学竞折腰”啊！可能有人会问，你学这么多兴趣班，怎么忙得过来呢？不会影响学习吗？不——会——

的，我有我的秘诀！所以我不但成绩优异，而且还获得了舞蹈、田径、演讲、绘画等多个冠军奖项呢！

我特别喜欢旅行。爸爸妈妈在我小的时候就告诉我，“既要读万卷书，也要行万里路”！自从我出生，爸爸妈妈就常带我出去旅行，上学后每个假期我都会去很多地方，如美丽的西湖、如画的天山、神秘的西双版纳、古老的长城、浪漫的天涯海角……我还去过美丽的澳大利亚，在那里见到了我最喜欢的袋鼠和小考拉呢！

看，这就是我的学习和生活，是不是很丰富多彩呢?!

(二)创新科技载梦想

黄淏同学既爱唱歌，又爱拉小提琴，也是爱做机器人的科技小达人。他勇于探索，积极参加创新实践活动，这些活动既开拓了他的视野，也锻炼了他的胆量与动手能力。付出终有回报，他在创新实践方面脱颖而出，屡获省、市、区大奖。他 2016 年荣获黄埔区中小学生艺术大赛合唱专场比赛特等奖；2016 年荣获黄埔区首届实体机器人竞赛一等奖；2016 年荣获第 31 届广州市青少年科技创新大赛二等奖；2016 年荣获广州市青少年机器人竞赛一等奖；2016 年荣获第 16 届广东省青少年机器人竞赛三等奖；2016 年荣获第三届广州市科技小达人电视大赛冠军。

黄淏同学

2016 年 11 月 20 日，第三届广州市科技小达人电视大赛总决赛隆重举行。在第一轮的达人风采环节，黄淏以文艺范科技达人的形象，给观众和评委留下了深刻的印象。在第三轮的科学小会议环节中，黄淏以创新性的观点，获得了开赛以来最热烈的掌声。经过前三轮的比赛，黄淏名列前三名。在最重要的少年科技说环节，黄淏以通俗易懂的语言，与在场的同学们“聊”起了他的投篮机器人的应用原理、结构和“秘密”，更以有趣生动的沟通方式，展示了机器人的投篮，使大家对投篮机器人产生了浓厚的兴趣。在最后的才艺加分环节中，黄淏为大家献上了一段悠扬奔放的小提琴曲，比赛正酣时，欣赏一段意犹未尽的音乐，评委和观众被他彻底征服了。

黄淏从小就热爱科技，“插上科技的翅膀，让理想飞得更高!”是他的科技宣言，他相信自己在创新实践的道路上能走得更好更远!

黄淏的成长得益于怡园小学多元化的舞台，怡园小学为他的科技梦想插上了腾飞的翅膀。

我从小就爱好科学，立志成为开发机器人的工程师，设计登月机器，为国家的航天事业发展贡献力量。为实现我的理想，从小学一年级起，我就学习少年宫的科学课程。每年的 5—6 月是学校的科学艺术节，这个时候学校都会举行大型小型的科技活动，有科技小讲座、科学实验展示、科学论文交流等。这些活动在我们心里播下了科技的种子。

经过学校科学教师区绮文和少年宫教师多年的悉心辅导和个人的努力，我小有收获，2016 年我先后获得了青少年科技创新大赛二等奖、广州市青少年机器人竞赛一等奖、广州市科技小达人电视大赛的冠军。我还喜欢音乐，并被选进了学校的男童合唱团。2016 年，我们的合唱团分别获得了中小学生艺术大赛合唱专场比赛区赛的特等奖、广州市一等奖。2017 年 7 月我还跟随学校男童合唱团赴新加坡参加了新加坡第四届国际合唱节，并获得银奖。

今后，我要在学习科学的道路上继续努力，实现自己的理想，做最美的自己!

三、桃李俊彦，怡园之傲

教育是一个直接面对人的活动。六度春风化绸缪，几番秋雨洗鸿沟。春播桃李三千圃，秋来硕果满神州。秋天不会辜负愿意付出辛勤劳动的农夫，定会把丰硕的果实结上枝头，定会让稻穗摇曳在田间。30年来，经过几代“怡园人”的辛勤耕耘，怡园小学这片沃土上，早已花开遍地，硕果满枝。

怡园小学羽毛球代表队参加2016年市长杯广州市第九届羽毛球大赛

怡园小学参加广州市黄埔区第四届中小学诵读中华经典美文表演大赛

建校30年来，本着悦纳百川的精神，“怡小”师生在欢乐轻松的氛围中成长与收获。30年来，无数俊秀英才从怡园小学的土壤中“破土而出”，无数桃李俊彦在怡园小学的园圃里吐露芬芳。他们执着、自信地学习，微笑、乐观地生活。他们耕耘着充满希望的土地，撒播着快乐学习的种子，收获着辛勤馈赠的硕果。他们是学习的巨人，是生活的勇士。他们在知识的海洋里驰骋，运用的是智慧，付出的是汗水，收获的是超越。他们是怡园小学办学实践中最骄傲的成果，是怡园小学的土壤里开出的最美的花、结出的最甜的果。他们在怡园小学的荣誉墙上闪烁着光芒，他们在怡园小学的光荣榜上留下了抹不去的印记。

（一）雷声阵阵舞花剑

黄埔，人杰地灵，人才辈出，怡园小学坐落在这片沃土上。雏鹰展翅的铜像雕塑屹立在校门前广场上，花草的簇拥，更让它显得生机勃勃。怡韵楼上黄埔军校和南海神庙的壁雕，更让驻足者明白传承与开拓的精神在“怡小”的校园里生根发芽。

宽阔的操场和跑道，设备齐全的室内体育馆和游泳馆以及各专用场室，在“怡园人”眼中，这些都是令人自豪的。沿着弯曲的校园小径，来到郁郁葱葱的花园，挺拔苍翠的几棵大王椰子树 30 年来一直在默默地守护着一届又一届的莘莘学子，还有每年春季如期而来的，灿烂如火的杜鹃也成为毕业生的美好快乐的回忆。

1990 年 9 月，雷声进入怡园小学。他的班主任刘白鹭老师说，雷声很爱笑，从不斤斤计较，人际关系好，学习成绩不错。在英语老师陈丽敏的印象中他很淘气，可能是训练太累了吧？偶尔还会不完成作业，记得还要叫家长到学校呢！就是这样一名普通的学生，最终被广州市体校选中，进到体校训练击剑。11 岁才第一次接触击剑，与其他世界冠军相比，入行时已属“高龄”。“他的眼睛亮，比较有灵气。游泳游了 5 年，身体素质也可以。另外，他会用左手，可能这是他被选中的原因吧。”雷声的父亲雷献民回忆。

17 岁那年，雷声入选广东省击剑队。此后，他在世青赛和全国锦标赛的团体赛上崭露头角；2006 年，“三剑客”之一的王海滨退居幕后，成为国家队花剑教练组的一员，他一眼相中了雷声。雷声不负众望，在当年 5 月的葡萄牙世界杯赛上连续击败三位意大利名将，夺得自己的首个国际大赛个人冠军；2007 年，雷声越战越勇，四次征战世界杯分站赛两度夺杯，将自己的世界排名提升到第五位。随后，经过世锦赛和八站世界杯赛的洗礼，雷声无可争议地成为人气最旺的中国男花选手之一。然而，在 2008 年的北京奥运会上，雷声马失前蹄，仅仅取得个人第八名的成绩。2008 年中秋节，雷声和他的父母拜访了钟南山院士，钟南山建议他多学点文化知识，这与雷声父母的想法不谋而合。2009 年，雷声走进了北京大学新闻与传播学院，知识面得到拓宽，雷声的职业生涯达到了新高度。2009 年，他获得了世界杯大奖赛法国(巴黎)团体冠军、世界杯大奖赛上海团体冠军、世界杯大奖赛法国(巴黎)个人冠军、世界杯大奖赛意大利(威尼斯)个人冠军、世锦赛(法国巴黎)团体冠军，人们称赞他这是“雷声阵阵”——不停地取得好成绩。

雷声是一名中国共产党员，他曾说：“身为一名运动员，只有在竞技场上贡献自己最大的能量，才能真正为党旗增光添彩。相信运动员都有这种感觉吧。平时不觉得，等你真正站到了最高领奖台，听到国歌奏响，看到五星红旗冉冉升起的时候，那种自豪感不言而喻，不由得就会把自己和祖国联系在一起。”

最终在 2012 年伦敦奥运会男子个人花剑决赛中，雷声夺得了中国奥运史上男子花剑的第一枚金牌。

2012 年 9 月，28 届伦敦奥运会花剑项目的冠军雷声荣归故里。在学校的欢迎会上，他这样说：“和大家一样，多年前，我曾经在教室里聆听老师们的谆谆教导；我曾经就在这个运动场上挥洒汗水；我曾经就在大榕树下和同学们一起嬉戏聊天。记得我们全班在刘老师家吃饭，之后又打地铺午休在一起开心地假睡；还记得我们表演的课本剧获得学校集体一等奖时的狂喜；也记得数学老师看到我做小动作时责备的笑容；更记得大队辅导员马老师带我去市里参加智力竞赛决赛获一等奖时的拥抱；也难忘冯校长宣布我做的狗年贺卡获第一名时我的紧张羞涩。特别是学校每周一的升旗仪式，给我留下了深刻印象。每当我获得冠军，站在世界大赛领奖台上，看着庄严地五星红旗在国歌声中冉冉升起时，脑海里都会浮现当年学校升旗的场景，因为学校每周会选优秀的同学做升旗手，我那时非常羡慕光荣的旗手。这些美丽的往事都铭刻在我的心里。感谢母校的老师对我的教育和栽培。”

伦敦奥运冠军雷声

在冠军的眼里，这里有感人肺腑的人文情怀，这里有“天高任鸟飞”的广阔天地，他带着“怡园人”的美德和拼搏精神，从这里展翅，从这里起航。

(二)天鹅翩翩振翅飞

瑞士洛桑当地时间 2013 年 2 月 2 日 19：00，第 41 届洛桑国际芭蕾舞比赛(世界上排名前三的国际芭蕾舞赛事之一)决赛落下帷幕。来自 23 个国家的 250 名选手报名参赛，75 名选手进入复赛，中国选手入围 13 人，其中就有来自广州黄埔的胡奕韩。

怡园小学毕业生胡奕韩

2000 年，胡奕韩在怡园小学开始小学生活。一直以来她的班主任的刘玲萍老师说起胡奕韩，脑海里浮现的是清秀、白皙的面容，高挑的身段、婀娜的舞姿，让人难忘！

在怡园小学，胡奕韩快乐地做着自己喜欢的事，自信和开朗一直挂在脸上，爽朗的笑声也经常从她嘴里传出。胡奕韩在班里是年纪最小的，她每天坚持游泳队 1000 米的训练，训练之余她还坚持练习书法，写了一手好毛笔字，多次在学校艺术节里参赛并获奖。她是同学们心目中动静皆宜的好榜样。

在怡园小学学习五年之后，胡奕韩转入广州市艺术学校，从此她走上了芭蕾之路。芭蕾是诚实的艺术，也是残酷的艺术，任何懒惰都无法躲藏。那是无数的旋转，无数的跳跃，是红肿流血的双脚，是不敢吃饱一顿饭的坚持。天鹅的飞翔那么轻盈，但起跑的步伐却是难以想象的沉重。刚进入广州市艺术学校的时候，胡奕韩在班里也是年纪最小的，身体各方面也不出众。有时候做动作控制，做到最后全身的肌肉都在抖动，一滴滴汗水从眉毛、从下巴、从肘部往下滴，委屈和痛苦的泪水只能自己悄悄拭去。看在眼里，疼在心里的父母也只能把内心的不忍深深掩埋，不敢表现出丝毫的退缩，只能为她鼓励和加油。这样不断努力和坚持了三年，胡奕韩牢牢占据着课堂中间的位置，同时也更累、更苦，更加艰辛，伤病时常陪伴着她，但她始终没有停止训练。

超乎常人想象的艰苦付出终于获得了回报。在广州市艺术学校的第四年，在胡奕韩14岁生日那天，她终于当上了每一个芭蕾舞者都为之努力的芭蕾舞剧《花园》的主角，而且首次亮相便得到了芭蕾舞团团长的肯定。“你是为芭蕾而生的！”芭蕾舞团书记也对她做出了如此高度的评价。

自此，胡奕韩便更加忙碌了，她获得了在墨尔本免费学习一个月的机会，参加了意大利罗马国际芭蕾舞比赛、全国桃李杯比赛、瑞士国际芭蕾舞比赛等，得到了德国、美国、加拿大以及澳大利亚等国家的芭蕾舞专家的肯定，并且这些国家都愿意为她提供全额奖学金。然而，胡奕韩的梦想是进入北京舞蹈学院，然后进入自己期盼已久的中央芭蕾舞团。

她一直在为这个目标努力，终于以专业成绩全国第一的名次走进了北京舞蹈学院，站在了中央芭蕾舞团的大门口，所有人为她自豪！

“七年了，回望怡园小学，那是给女儿自信的地方，是铺就女儿走向芭蕾之路的起点，在那里，女儿的智慧和个性得到自由的成长，得到了老师们悉心的教导和指引，由一个自己名字都不会写的小丫头成长为大家都喜爱的芭蕾舞女孩。”回首往事，胡奕韩的爸爸如是说。

天鹅起飞时，翅膀优美地滑过湖面，留下层层涟漪。芭蕾给了胡奕韩一片起飞的湖面，而怡园小学作为“怡园人”梦想起飞的地方，为学子指向了更远的地方。

怡园小学以培养具有“黄埔精神、家国情怀、国际视野”的“怡美”少年作为育人目标，一直致力于培养身心健康、品行优良、多才多艺、审美高雅的新时代新青年。怡园小学希望走出学校的每一个人，都能昂首挺胸去乘风、去破浪、去播种、去采撷、去收获。正因如此，怡园小学培养出来的社会各界出类拔萃的年轻人，对母校才会心存感激。我们相信，在“怡小”这片大地上，很多雄鹰在展翅飞翔，愿他们飞得更高、飞得更远！

第三章

怡美篇：春风化雨，硕果盈枝

30 年来，在上级领导的关怀与全校师生的努力下，怡园小学硕果累累，赢得了很多荣誉。

建校以来，怡园小学一直致力于探索优质的教育，以“高定位、高起点、高效益”著称，不断积淀底蕴，成绩显著。学校先后获得首批广东省一级学校、广州市首批特色学校、广州市文明单位、广州市文明示范学校、爱国卫生模范单位、全国现代教育技术实验学校、全国优秀电影课实验学校、广州市首批红领巾示范学校、广州市小公民道德建设实践基地、全国红旗大队等近 40 项市级以上荣誉称号。

一、特色办学，成就品牌

经过 30 年的办学历程，在历任校长的带领和全体师生的共同努力下，学校经历了 1989 年 7 月—1997 年 8 月的创办期，1997 年 8 月—2004 年 8 月的沉淀期，2004 年 9 月—2016 年 4 月的发展壮大期，2016 年 4 月开始，迎来了学校的品牌拓展期。在不断扩大规模、持续内涵发展的现代化进程中，怡园小学已经营造了优美的校园环境，形成了深厚的文化底蕴，凸显了鲜明的“怡文化”特色。

2013 年 10 月，怡园小学被评选为广州市首批义务教育特色学校。“怡心怡身，乐学善学”，在赏心悦目的校园文化布置，和谐共进的教师群体培养，学生善言善行的品行引导，扎实快乐的课程和学生活动设置等方面，逐一落实“怡”文化的内涵。“怡心怡身，乐学善学”的特色文化，每时每刻都被“怡小”师生快乐地践行着。

(一)怡情融于景

河畔金柳留下诗人重回康桥的记忆，淡淡月色照亮荷叶田田的美景，未名湖倒映学者踱步思索的身影……一处风景牵动一丝情，校园里的一草一木、一砖一瓦，背后都有一个故事、一段回忆，甚至是校园独有的文化符号。怡园小学同样有着优美的校园人文环境。

1. 校园、花园、乐园

走进怡园小学，最先映入眼帘的便是雏鹰展翅的铜像雕塑，它屹立在校园广场之中，被花草簇拥着，显得格外醒目。宽阔的操场和跑道是无数学生梦想起航的地方。2006 年落成的怡成楼，里面有先进的专用场室和宽敞的室内体育馆，“怡小”师生尽情地在其中开展各项活动，提高学科素养的同时，身体得到了锻炼。新落成的知行园，矗立着孔子的塑像，他那炯炯有神的双眼，仁爱地看着前方，在精神上给予学生学习

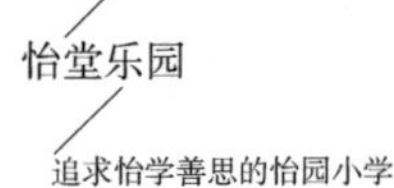

的动力……“怡小”的每一处风景都是一面旗帜、一首诗篇、一个故事，鼓励着“怡小”的学生们奋勇前进。

怡园小学西校区雏鹰广场

怡园小学西校区知行园雕塑

校园、花园、乐园，这是对怡园小学最好的评价。的确，怡园小学环境幽雅，处处充满育人气息。作为广州市绿色学校，怡园小学有着幽雅怡然的校园景观和浓郁的书香氛围。在环境布置方面，学校力求把每一面墙、每一个区域都做成教育的资源空间，使每一处都体现出浓郁的文化育人气息。

生物园让学生亲近自然，参与缔造绿色；小花园布局典雅，花木掩映，棕榈环绕；怡韵楼上黄埔军校和南海神庙的壁雕，更让驻足者明白传承与开拓的精神在怡小的校园里生根发芽；知行园体现了学校对“知行”的重视，思想家说我们人格的魅力源于“德、知、行”，知识和行为的修养作用于德育之上……人文、特色、和谐的学校文化环境是“怡小”师生汗水与智慧的结晶，它熏陶和感染着怡园小学的每一位师生。

怡园小学西校区怡韵楼壁画

2. 浓郁的书香氛围

学校的每一面墙壁都会说话，学校的每一个角落都洋溢着书香。在校园公共墙壁（各班级门口的指定位置）及教室的显著位置上都统一装饰着经过精心选择的有关读书的名言警句、经典目录，如学校教学楼上铸着金色的大字"读书破万卷，下笔如有神"。各座教学楼的命名都非常文雅：怡心楼——教师办公楼，怡韵楼——艺术楼，怡想楼、怡成楼——教学楼。此外，各楼层都有学生的书法作品、名人照片、格言。潜移默化，润物无声。

学校现有藏书七万多册。每个班都有图书角，各班还开展了"献一本看百本"师生共建图书角活动，增加各班图书角的图书数量，提高学生的阅读量。充分发挥学校、班级、个人的藏书优势，让每个学生都能多读书、读好书。此外，学校还实行了学校图书馆开放制度。一、二年级学生可以利用一节语文课到图书馆进行课外阅读指导，三、四年级学生利用放学后的第七节课分班到图书馆阅读，五、六年级学生可以利用午会时间到图书馆外借图书回家阅读。自愿和有组织两种形式，大大提高了图书馆的使用率。

怡园小学东校区校园一角

学校还通过致家长的一封信、召开家长会、家庭教育报告会的形式，更新家长观念，宣传读书的好处，介绍读书的方法，推荐阅读的书目。家长响应学校的书香建设活动，指导孩子的暑假寒假的读书活动，形成良好的家庭书香氛围。

怡园小学东校区的书香气息

(二)怡和融于道

孔子有圣言曰："知之者不如好之者，好之者不如乐之者。"而怡园小学的"怡"则有和悦、愉快之解。怡园小学的"怡"文化也体现在学校的管理上，就是学校通过建立完善的制度，培养良好的执行力，让全校师生都能在日常生活中增值，成就人生增值之美。

1. 管理制度，以人为本

怡园小学一直注重督导在学校管理中的重要作用，实行制度管理和人心管理相结合的原则，学校大到校长办公会制度，小到一草一木的管理，都有一整套细密严格的规章制度，凡事都有章可循、有据可依，学校管理实行依法治校。在这一基础上，学校实行细致的人心管理，以"以心换心"的方式对教师进行有效管理，使依法治校显现出新的生机和活力。

首先关注教师的成长，在财力和物力上积极支持教师参加各种在职培训。据统计，学校每年用在教师培训方面的经费不少于办公经费的5%，在办公经费非常紧张的情况下，仍然把教师培训放在重要地位。因为这不仅启迪了教师的智慧，开阔了教师的眼界，满足了教师全面发展、自我完善的个人愿望，也为学校和个人凝聚了无价财富，成为学校可持续发展的坚实动力，而且这是对教师尊重和信任的体现。依学校的规定，工作上的问题需要逐级汇报，但牵扯个人方面的问题可直接找校长反映，学校广开言路，随时听取所有教师的意见和建议，能办的及时办，一时不能办的做好解释工作，使学校形成一种相互尊重、相互信任的文化氛围，使教师对学校的情感得到升华，对学校的各项工作都能给予信任和支持。同时也是为了使教师心情愉悦、全力以赴地投入到教学工作中，学校真心为教师排忧解难，学校对教师思想、生活方面的问题都想在前面、干在实处，特别是教师依靠个人力量办不好的和办不了的事，学校都积极帮助做工作，有时甚至校长亲自出马解除教师的后顾之忧。

由于关心每位教师的情感，关心每位教师的价值和奉献，在校园营造了相互尊重的文化环境，因此制度不再是僵化的条文，而成为激励教师参与管理的措施，把教师变成了制度的主人，也使学校的民主管理得以进一步升华。

2. 校务公开，享知情权

怡园小学由党支部书记为组长的校务公开领导小组，每学期召开四次以上小组工作会议，制订学校校务公开计划及安排校务公开事务。成立了以工会主席为组长的校务监督委员会，监督校务公开事项是否落实、全面，公开是否及时、程序是否规范、问题是否得到及时解决。还成立了以纪检委员为组长的四人校务公开财务审核小组，每学期对学校的财务收支情况、校产保护管理情况进行审核，并向教代会报告。

在校务公开工作中，坚持党支部统一领导，党、政、工共同推进的原则；坚持民主参与、民主管理、民主监督的事项都必须公开的原则；坚持从实际出发、实事求是、真实准确的原则；坚持依法办事、照章执行的原则；坚持有利于保护、调动管理者和职工群众积极性、促进学校改革、发展、稳定的原则。

3. 重教代会，民主参与

怡园小学的重大决策，如办学思想、办学理念、工作方针、发展规划、内部分配制度改革方案、评聘办法、评优选先、规章制度、奖惩办法、教师评价、校本课程开发和生活福利等都事先广泛征求教职工的意见和建议，经教代会讨论通过后，才将结果公开。每次教代会前都将有关内容提前给教师代表，由教师代表在教师中广泛征求意见，使各项规定合情合理，符合学校实际。

这一办法让教师不仅是被管理者，而且也成为学校的管理者。对学校的各项决策和规章制度，不仅自己自觉遵守，而且都能从主人翁的角度加强学校的管理，达到事事有人管、处处有人问。

(三)怡教融于身

怡园小学通过教学管理理念的渗透，营造民主和谐的人文氛围，形成教师间互相理解、互相尊重、互相扶持，科组间相互交流、共同提升的氛围，让教师们感受并接受这种人文化、科学化、精细化的办学理念，在教学活动中落实这种理念，形成导向。愉悦的同事文化，让怡园小学教师的工作事半功倍。

1. 完善制度，规范教学

在怡园小学，有一套相对完备的教学管理常规。正是因为这套教学管理常规的存在，才保障了各项教学工作的高效有序进行。

①实行校长、教导主任、教研组组长和备课组组长四级教学管理体制；明确各级管理职责，层层负责；建立教学质量管理目标责任制。

②加强教学工作的目标管理和计划管理，做到目标明确，措施具体，要制订好每学期的教学工作计划，期末要做好教学工作总结。

③强化质量管理，依据教学大纲和考纲的要求确定质量管理目标，做好质量分析。

④主管校长和教导主任要坚持深入教学，抓好教学过程的管理。要把主要精力用在抓好教学上，每周听课不可少于四节，并及时评议和反馈，努力提高评课水平。实行有领导参加的备课—听课—评课制度，加强教学指导的力度。校长、教导主任每学期要抽查、定期调阅教师教案，加强监督检查学生作业。要加强对教师教学工作的考核，每学年对教师的教学工作进行一次全面评估，归入教师业务档案。

⑤加强教学科研工作，要做到有计划、有课题、有实施方案，运用科研成果，推进教学改革。

⑥加强教师的教育思想和教学业务建设，特别要重视加强青年教师的培养工作，重视培养学科骨干和教学效果显著的专家型教师。组织教师参加各级培训。

教学管理常规贯穿教学工作的方方面面，规范了教师教学工作和业务提升的要求，为教师有序开展快乐教学工作提供了纲领性指导和制度性保障。

2. 强化校本，提升素质

教师的专业发展是怡园小学一直以来的重点工作内容之一。促进教师的专业化发展，关键是抓好校本培训，实现校本培训和校本研究的整合，让教师在教学实践中学习、教学，提升素质，服务教学。

①建立网上备课资源库。全体教师积极参加网络教育资源的上传。以年级组为单位，上传各学科的教案和课件至学校网站，每学期在原有的基础上更新，加入新的教学设计思路。

②强化各学科的教研力度，实现学科组之间的经验交流。东、西校区加强互动教研。

③支持“两外”：一是专家引领，外请内培，优化教学思想；二是组织教师外出交流，开阔视野，实现以点带面，分享提高。凡教师外出学习，必须及时整理听课内容，加上自己的感悟，让科组老师分享收获。

④开展“一课多上、一课多模”的教研活动，各科组围绕这个主旋律制订科组教研活动计划，一个学年每个年级都开展“一课多模”的研究课，模式可以多样，各科组可以百花齐放，也可沿袭之前的“集体备课——一位教师实施—科组评课—提出改进措施—再由第二位教师实施”的“一课多上”模式，不断改进，不断完善。教导处检查落实情况。

3. 立足课堂，探讨教学

将课堂教学、校本研究、教师专业发展结合起来，把提高课堂教学质量纳入校本研究和教师专业发展中，重心放在40分钟的课堂上，优化课堂教学，向课堂要质量。“促进有效教学，构建智慧课堂”建立在完善的制度保障上，也建立在和谐的教学工作中。深入研讨主题，让学生在愉悦的课堂上学习。

正是由于学校处处有制度、有依循，教师在其中有发展的目标，并且能不断提升自我，才营造了和谐进取的文化氛围，才创造了有序快乐的教学条件。

（四）怡学融于心

怡园小学对学生的管理，首先，学校通过制度规范学生的日常学习生活，让他们形成良好的生活与学习规律。其次，学校通过感化、体验、熏陶等方式，播种“善”的种子，唤醒学生的爱心，让学生快乐成长，成人成才。

在德育方面，建立起常规化的德育教育内容，注重举办多样的活动，让学生展示多方面的才能，在活动中开阔视野，得到多方面的锻炼，以促进学生成长为身心健康、品格高尚、志趣高雅、追求至善的现代化人才。

1. 全面培养，能力提升

怡园小学对学生的培养方式是全面发展。

加强对学生世界观、人生观、价值观和理想前途的教育，注重毅力和意志等个性心理品质的培养，让学生养成体育锻炼的习惯，强健其体魄，创造条件进行心理健康教育，及时对学生进行心理辅导和调节，形成健康心态，培养学生的环保意识、生命意识等现代观念。

培养学生良好的学习和生活习惯，教育学生爱科学、学科学、用科学，用科学知识武装自己，用科学的方法指导自己的学习和生活，用科学的态度面对自己的学习和生活。引导学生关注社会并服务社会，教育学生敢于追求真理，敢于为真理献身。

教育学生勇于对自己的行为负责，积极参加公益活动，具有社会责任感。学校利用多种渠道培养学生的学习兴趣，提高学生运用已有的知识、技能和经验分析问题和解决问题的能力，使学生具有一定的研究和创新能力。

加强对学生个性特长的培养。学校通过各种途径给学生提供促进个性特长发展的良好条件，为学生个性特长的发展提供展示的平台。

2. 活动育人，德润身心

学生的德育工作很琐碎，但必须要有实效性。德育工作首先要做好常规管理，让学生养成良好的日常行为规范，对学生的督促检查要落实到位。

学校通过制订《怡园小学学生日常管理规范细则》，帮助学生形成正确的卫生习惯和生活习惯，使学生能够更好地完成学习任务。

学校也开展了系列化、多样化的德育活动，大力拓宽德育渠道，帮助学生形成正确的人生观、价值观和世界观，为社会培养健康向上的合格人才。

2012年广东省少工委开展"善言善行，快乐你我"红领巾新风尚活动试点工作，怡园小学成为试点单位之一。学校结合自身实际，挖掘教育资源，开展了丰富多彩、特色鲜明、富有成效的活动，开展"日有善念、周有善行"的教育活动。启迪队员在学校当一个讲慈善、献爱心、关心他人，悦纳自己的好学生；在家里做一个孝敬父母、知礼懂事的好孩子。一步一步引导孩子们从点滴小事做起，帮父母帮兄弟姐妹，尽自己一份力，做一件自己力所能及的善事，培养孩子艰苦朴素、勤俭节约的好品德。

习善，养善心；行善，讲善言。怡园小学的活动在校园，在社区，在家庭。学生们真正做到"勿以善小而不为，勿以恶小而为之"。这几年学校有两位身患重病的学生，全校师生为他们捐款达30万元，区内的其他学校也纷纷解囊相助。

怡园小学在德育教育的形式上讲求多样化，通过校园网络广播站、参观访问、社会实践、主题班会及团队活动等形式，使学生从中受到形象具体的熏陶和和潜移默化的教育。

3. 特殊学生，耐心教育

怡园小学对待特殊学生，有着很好的服务意识，耐心帮助学生解决困难，维护学生的自尊心，引导他们有规律的学习生活。特别是对待后进生，学校出台了一系列的管理制度。

①帮助教师树立教书育人的观念，为提高学生素质，主动做好后进生的帮教工作。深入了解后进生的心理特征、性格爱好、道德品行、学习状况等，与之建立感情，进行启发帮助教育。

②关心后进生的成长，发现后进生的闪光点，鼓励其积极向上，尤其在学习上辅导他们，引导其他学生尊重、信任他们。

③注意耐心教育，要表扬学困生的优点和进步，循循善诱，培养自信心，不怕出现反复，要坚信学生经过教育是会转变的，要持之以恒地关心、爱护他们。

④帮教学生以班主任与任课教师为主，为个别后进生安排校领导与教导处帮教，针对不同的后进生，采用不同的教育方法。

⑤要寻求家长、社会有关部门的配合，应把家庭、学校、社会联合起来，形成教育合力，以取得良好的效果。

⑥发挥学生的主体作用，给后进生表现的机会，扬其长抑其短，形成良好的环境，使他们在班上感到愉快，乐于克服不足。

肖雅琴老师刚刚接手这个六年级的班时，就详细地了解了每个学生的个人信息，甚至是学生们的喜好。

第二天上课时，有个坐在后排的男生一直沉浸在自己的世界里，整节课都没抬头。肖老师知道这名学生素来沉默寡言，早已经习惯了老师不怎么叫他回答问题的这种学习状态。

当肖老师叫他起来读书时，他一脸诧异，满脸的奇怪：新老师怎么会知道我的名字？

下课后，肖老师走到他旁边，对他说："我不光知道你的名字，我还知道你的生日和喜好。"

肖雅琴老师

此时这个男生更疑惑了，肖老师笑着对他说：“知道我为什么这么对你这么熟悉吗？因为我一直关注着你，以后每天我都会关注你。”从那之后，肖老师常常关注他，下课时指导他做笔记，上课时叫他回答问题，做练习时在他身边辅导。

一天上课时，肖老师对大家说：“今天，我要表扬一名同学，他的课堂笔记做得特别好，大家可以看看他的笔记，向他学习。”随即拿出了这个男生的笔记，被表扬的他虽然有些意外，但脸上也流露出了羞涩的笑容。一向不被关注的他竟默默地做得那么好，班上的同学也都感到意外。

从此之后，这个男生和肖老师的关系更近了，上课时愿意跟着老师的思维思考了。

短短的时间内，肖老师就对全班的每名学生都有了较深的了解，当班里有某位同学生日时，肖老师会给他发去生日祝福的短信；当某个同学在学校遇到了不开心的事情时，肖老师也看在眼里，会打电话安慰他；如果偶尔发现某个学生的特别之处，肖老师也会以书信、短信或电话的方式给他以鼓励和支持。

很快，肖老师的细心就给学生们留下了深刻印象。肖老师知道，要赢得学生的心，老师要像知己一样懂他们，还要和他们有共同话题。

可是毕业班的学生没多少时间和老师谈心，于是肖老师就利用写作本和他们聊天，每次发下作本时，上面都留下了肖老师写的大篇的话语，这些充满关爱的话极大地鼓舞着他们，同时也激发了他们写作的热情。很多学生期待发作本，有时还会向老师抱怨，怎么还没发作业。

家长告诉肖老师，孩子们特别期待老师写在本子上的话，经常拿出来看，每个字都看得很认真。当时班上有一个患脑瘫的女孩，说话含糊，写字也费力，肖老师就送了一本“心灵对话本”给她，几乎每天都和她笔聊。肖老师知道她为了让老师看清她的字尽了最大努力，而老师的话对她是最大的鼓舞，所以她忍不住每天都写很多内容。后来，家长看她每天费力，肖老师也辛苦，便让她不用写那么多。但孩子已经把写作当成最快乐的倾诉方式，几天不写就感到很落寞，见此情况肖老师专门去她家家访，鼓励她写作、投稿，并建议她父母请老师专门辅导她。

以习作作为沟通方式打开学生的心扉是一个有效的方法，因为习作也是表达和交流的重要方式，特别对一些性格内向，不爱说话的孩子。肖老师遇到过一个叫雯雯的女孩子，肖老师发现她很少和同学说话，也不和老师接近，上学放学总是独来独往。肖老师凭着多年的直觉感到她可能有心事，但每次找她谈话，她都不愿多说。

于是，肖老师布置了一篇作文，让同学们写出自己心中的烦恼。在雯雯的习作中，肖老师找到了她不爱交流的原因。雯雯原本是一个活泼开朗的孩子，从小和爷爷奶奶生活在北方一个小村庄，一年前在广州打拼的父母才将她接到身边，让她来到这个班读书。刚来广州，雯雯对这个南方大都市充满了好奇和兴奋，可是随之而来的现实令她始料不及。同学们都是本地人，大多不习惯说普通话，每天说着粤语，她一句也听不懂。加上她觉得自己其貌不扬，成绩也不突出，许多同学对自己爱理不理。父母整天忙着工作，没有时间陪她。曾经拥有众多亲朋好友的她仿佛来到另一个世界，没有人感觉到她的存在，环境的陌生、同学的漠然让她变得沉默，上学也变得毫无乐趣。雯雯多么想融入这个集体，和同学们开开心心地打成一片啊！

肖老师了解到这个情况后，一边做其他同学的工作，让大家多和她交往，一边耐心地等待着促使她转变的机会。刚好学到《走向生活》这篇课文，文中小记者的大方、自信、能干令同学们赞叹不已。这不正是一个典型的好材料吗？

课后，肖老师要求同学们像这位小记者一样去采访本校校长。在老师鼓励下，多数同学跃跃欲试，欣然而去，只剩下几个内向、不擅交际的学生顾虑重重，望而却步。肖老师为他们降低难度，让他们先去采访平时给自己上课的老师，结果他们得到了多数被采访老师的表扬，体会到了成功的喜悦。

和肖老师料想的一样，雯雯也怯生生地来到了老师办公室外，肖老师满脸微笑地迎到门口，亲切地说："如果你采访我，我将无比高兴。老师相信你一定能成功！"听了肖老师的话，雯雯终于鼓起勇气，迈出了具有转折性的一步。肖老师的鼓励给了雯雯自信，而这次的成功也让雯雯激动了好几天。为了趁热打铁，肖老师在语文课前安排了两分钟的轮流演讲，让每位同学说出心中最想对大家说的话。几个星期后，轮到雯雯上台演讲。

只见她快步走上讲台，用谁也没听懂的语言向大家说了一段话，然后用普通话翻译说："我讲的是日语，我想告诉大家，我感到非常孤独，我想和每位同学交朋友，希望大家给我个机会"。同学们都愣住了，肖老师也愣住了，谁都没想到她会说一口流利的日语！突然，教室里响起了一阵经久不息的掌声，这是同学们发自内心的掌声！一时间，大家对雯雯刮目相看，一下课，她身边围满了向她请教的同学。

事后肖老师才知道，原来为了这次演讲，雯雯苦苦练了两个星期，让曾在日本学习过的爸爸反反复复教了无数次。从这之后，雯雯的进步很大，性格也开朗起来，融入了这个班集体。在毕业前夕，她还考了第一名呢！雯雯在毕业时，给肖老师留下一封信，在信中说，是肖老师让她找回了自信，学会了生活，她永远不会忘记肖老师对自己的帮助。直到现在，她还和肖老师保持联系，请教肖老师如何给报刊投稿，并告诉肖老师自己很怀念小学的那段经历，每当不开心时，自己就会想起肖老师对自己的鼓励。

身为班主任，肖老师知道与家长的交流很重要，一个班主任如果能在学生生病时、困难时或者是急需帮助时与家长及时交流、家访，一起想办法去解决问题，很多问题就会迎刃而解。

肖老师在了解家庭情况时，会特别留意一些家庭情况特殊的孩子。当时有个离异后又重组的家庭的孩子，肖老师特别留意她。因为她的心理受到不小的影响，常常做出一些叛逆行为来发泄情绪。有一天，肖老师发现她半天没来上课，察觉出不对劲，就急忙打电话去她家，但无人接听。

肖老师心里一直不放心，等她回来后发现她神情不对，于是肖老师仔细询问，果然有异常：她手腕上多了一条伤痕。原来她在家里有自残行为！

肖老师意识到问题的严重性，先引导和安抚孩子，让孩子平静了下来。接着联系了孩子的爸爸，爸爸在震惊之余也很感谢肖老师。此后，肖老师经常和她交流，而肖老师对孩子的了解之多令孩子的爸爸很吃惊也很感动，孩子的爸爸也不由得反思自己对女儿照顾之不周。孩子的爸爸说，肖老师工作认真细致，有这样的老师他很放心，而自己也应该重新审视女儿，重视和孩子进行心灵的交流。

每名学生都渴望被关爱，渴望享受快乐和体验成功。老师的每一句教导，每次处理事情的办法，都会对学生的心灵产生深远影响。而老师，应该有一双慧眼，有一颗慧心，去发现和了解身边的学生，捕捉和创造最佳的教育时机，运用巧妙有效的教育方法，珍视每名学生的点滴进步，给每名学生带来成功和快乐。学生的成功与快乐，在老师看来，就是自己的成功与快乐。

二、用心育人，培养名师

李镇西先生曾说过这句话：教师的幸福源自何处？享受职业，赢得尊严，学生爱戴，同行敬佩，家庭幸福，衣食无忧，超越自己。如果要用一个词语来形容怡园小学的教师，“快乐”便足以高度概括。怡园教师用快乐生活的点点滴滴诠释了幸福的含义。

(一)教研科研引发展

在教育界，科研兴校，科研强校的理念早已成为共识，学校把科研活动当作工作的重中之重。教育科研能力已经成为21世纪教师必备的素质之一。只有提升教师科研的整体水平，教育教学才会迈上新台阶。

怡园小学对课题的立项、研究过程、总结、成果、经费使用等都有规范的管理，使学校的课题研究能常态化和规范化，鼓励教师积极参与教学科研活动。学校每年都会划拨专项教科研经费用于开发教研项目，征订教研资料，进行教研和培训。

学校对于课题研究的管理已经形成了规范。凡是有关省、市、区课题的通知，教导处负责科研的主任会把文件通过学校的校园网发给教师，让教师自行申报。教导处负责课题管理，要求教师在规定的时间内提交申报的资料，再由教导处审核，看看有没有不规范的地方，有要修改的，会及时反馈给教师，指导他们修改润色，直到通过审核了再上交。

当课题申报立项后，教导处就会通知相关教师，提醒他们如何按要求落实相关研究工作。

每个课题都尽可能争取学校的支持。学校在制度上对教师参与课题研究有政策倾斜，如教师参与课题研究在评优、评先进方面都会有优势。

近几年，怡园小学在课题研究方面取得了一系列显著的成果。2018—2019 年学校有两个国家级课题立项、三个市级课题立项、两个区级课题立项。

在校本课题研究中，有 22 个课题立项，原则上要求所有学科和各个年级都有代表。校本课题研究的立项，既强化了教师做课题研究的意识，也形成了课题研究的规范。此外，课题研究也注重部门间的合作，如德育线与教学线结合起来，以新课程理念努力转变班主任的角色，并以“新型城市化背景下小学生亲子关系调查研究”为题开展德育科研活动。

学校有 50％的教师参与了课题研究，遍及十个学科。具体科研成果见表 3-1。

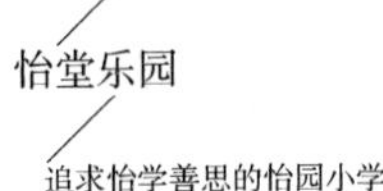

表 3-1　怡园小学教师科研成果一览表(精选)

序号	课题成果/名称	课题组组长/执笔	课题组成员	完成时间	课题级别	立项单位
1	小学心理健康教育实务	莫清瑶	莫清瑶	2013 年 8 月	著作出版	清华大学出版社
2	《一年半载》——援疆支教文集	袁超	袁超	2014 年 6 月	著作	黄埔区教育局
3	《论语》中的成语	袁超	袁超	2015 年 9 月	著作出版	万卷出版社
4	体验式教学模式及表现性评价策略在小学音乐学科教学中的应用	莫清瑶	莫清瑶	2016 年 4 月	教学成果	广州市教育研究院首届教学成果二等奖
5	在第一学段小学生初步推理能力的实践与研究	林少群	林少群	2016 年 10 月	市级	广州市教育研究院
6	小学课外阅读有效性策略研究	杨雪柏	杨雪柏、陈素彬、梁敏、吴雯倩、李金雨、江贺颜	2017 年 4 月	区级	黄埔区教育研究中心
7	从绘本教学入手，引领低年级学生写话	陈素彬	陈素彬、吴雯倩、梁敏、胡静纯、杨雪柏、陆瑞莲	2017 年 5 月	市级	广州市教育研究院
8	市德育研究“十二五”规划新型城市化背景下小学生亲子关系调查研究——以黄埔区某小学为例	梁少兰	蔡英华、欧阳丽华、卢健红、邓宝嫦、李金雨、罗彬彬、徐飞飞	2017 年 9 月	市级	广州市中小学德育研究与指导中心
9	体现多元、全面、发展特点的语文素养阳光评价模式研究	陈素彬	陈素彬、李峥、杨雪柏、宋慧、吴桂清、江贺颜	2017 年 10 月	市级	广州市教育研究院

续表

序号	课题成果/名称	课题组组长/执笔	课题组成员	完成时间	课题级别	立项单位
10	阳光评价下小学高年级课内外阅读相结合策略研究	杨雪柏	杨雪柏、陈素彬、宋慧、邱育红、李金雨	2017年10月	市级	广州市教育研究院
11	课题名称：美术综合素质评价的实践研究	陈晓宁	何炽萍、陈素彬、陈晓云、吴国斌	2017年12月	市级	广州市教育研究院
12	广州市黄埔区教育质量阳光评价改革实施以来小学体育教学变化的研究	王达兴	王达兴、曹承花、张滔、陈建明、陈泰增、董扬眉、符成武、钟冠青	2017年12月	市级	广州市教育研究院
13	Le's talk 单元整体模式的研究	彭颖嫣	杨党英、唐晓琦、余欣然	2018年12月	区级	黄埔区教育研究中心
14	黄埔区中小学教师体育锻炼情况及其制约因素的调查研究	王达兴	王达兴、谢荣、罗智、张滔、梁毛益、曲成森	2018年12月	区级	广州市黄埔区教育研究中心
15	互联网＋技术在中小学美育教学中的应用研究	袁超	卢涛、陈素彬、杨雪柏、戴虹、陈晓云、陈晓宁、吴雯倩、余欣然、徐海军	2020年	国家级	
16	运用现代教育装备提高科学教学效果	区绮文	冯素婷、林光荣	2020年	国家级	教育部教育装备研究与发展中心
17	智慧教室环境下小学美育教学模式的研究	陈素彬	袁超、杨雪柏、戴虹、陈晓云、陈晓宁、吴雯倩、余欣然、徐海军	2020年	市级	广州市教育研究院

续表

序号	课题成果/名称	课题组组长/执笔	课题组成员	完成时间	课题级别	立项单位
18	基于智慧型全科阅读的项目式阅读策略研究	刘雨晴	袁超、陈素彬、杨雪柏、戴虹、徐焕华、郭万利、黄海燕、于洪霞、冯素婷、张裕、翁霭葵、崔莹	2020年	市级	广州市教育研究院
19	小学高学段基于智慧型成长阅读的创意表达行动研究	吴雯倩	赵美娴、李金雨、郑婉怡、徐飞飞、罗彬彬、陆瑞莲、黄海红、方怀、周子雯、程敏、郑扬清	2021	市级	广州市教育研究院
20	小学生中年段阅读障碍的实践研究	陈素彬	刘雨晴、邓宝嫦、李玉萍、沈晓红、潘定红、杨党英、徐雨晴	2020年	区级	广州市黄埔区教育研究中心
21	小学高年级美术特色课程——“皮影戏”的教学实践与研究	许孝娟	何青云、吴国斌、潘嘉煜、陈晓云、陈晓宁、陈宝莹、邝文晴	2021年	区级	广州市黄埔区教育研究中心

(二)学习交流提素养

怡园小学主张教师要走出学校学习。因为在校内，即使备课再充分，但毕竟还是在学校范围内。教师去教学先进的学校学习交流，能够提高自身的学科素养，增长见闻，可以感受到其他学校的校园文化，感受名师的教学魅力。

教师的每一次外出学习交流，都有满满的收获，这些经历与收获都转化为他们的专业素养。

人间四月天　行走在路上——江苏省跟岗培训学习心得

袁超

2011年4月10—30日，承蒙区教育局领导的关心重视，我们小学一行17人奔赴南京参加江苏省教科院举办的校级干部培训研修。我们先是在南京市参加了为期一周的集中培训，然后分赴丹阳、常州两地的名校进行了两周的跟岗学习。人间四月天，最美是江南！我们走在江南的大地上，南京、扬州、镇江、丹阳、无锡、常州，一路走来，踏青揽胜抒怀，江南如诗如画的山水园林，博大悠远的人文历史，极大地开阔了我们的眼界，提升了我们的精神境界。我们在专业成长的路上行走，专家点拨指导，名校示范引领，一路走来，聆听观察思考，江苏省蓬勃发展的基础教育犹如春光烂漫的人间四月，给我们带来了无尽的启迪和深切的感悟。回顾三周的学习历程，且从三个方面谈谈一路上的体会心得。

袁超校长

一、专家指路

第一周的集中培训可被称为“专家指路”。五天时间，五位专家教授、六位知名校长轮番登场，给我们带来11场精彩的专题讲座，让我深刻地领悟到江苏省的专家们为我们树立的前进“路标”。

(一)校本研修的教师成长之路

江苏省教科院程振响教授做了题为“教师专业发展与校本研修”的报告，向我们介绍了以校本研修促进教师专业发展的成功经验。“校本研修”是以校为本的教师自我发展、自我提升的一种修炼行为。在当前课程改革的背景下，校本研修是教师适应教育改革、转变发展方式、提升专业素养的需要，是教师主动获取专业发展的重要途径和有效方式。与我们通常所说的“校本培训”“校本教研”基本上是一回事，但他们认为校本研修从提法上更能体现教师从被动的受训者到主动的研修者的角色转变，体现了教师的学习方式、教学方式和研究方式的深刻变化。学校管理者要积极营造氛围，搭建平台，引导教师以改进实践为目的，以问题探究为核心，以研训一体为特征，以学校资源为依托，以合作研习为形式，不断提高学习力和反思实践力，实现自觉主动的专业化发展。在江南大地，校本研修已经成为广大教师专业成长的主要方式和必由之路。

（二）文化建设的学校发展之路

江苏省教科院彭钢教授主讲的“学校文化建设的实践与思考”，主要讨论了学校文化与学校发展、学校文化与学校传统等问题。他指出，今天的学校文化建设已经完全超越20世纪90年代关于“校园文化”的理解，成为“学校发展”的同义词。它涉及学校的整体发展、内涵发展和长远发展。学校文化建设应该统领学校发展的各个方面，包括物质与精神、外在与内在、制度与组织、行为与形象等，应该更关注学校发展的持续力、生命力，促进学校可持续的发展。南京市因为高考成绩滑坡引发全社会的广泛关注，南京市教育局和一些学校面临巨大的社会压力。但是在困境之中，南京市教育局并没有简单地模仿其他地区的成功的高考模式，而是另辟蹊径，高调地打出素质教育的旗帜，总结推广“南京市素质教育典型案例30条”，研制推行《南京市学校文化战略纲要》，提出增强学校文化力来提升教育竞争力、彰显发展活力的战略目标。学校文化力主要包括精神力、执行力和形象力三个系统的综合塑造。学校文化力的内容结构为“一体两翼”，即以精神力为主体，以执行力、形象力为两翼，三者组成完整的文化力系统。我觉得南京突破“高考之痛”的困局所采取的策略表现出了一种非凡的大气和智慧，把学校文化建设看作学校发展的核心竞争力，这是抓到了教育发展的关键。

（三）智慧思辨的教学实践之路

南京师范大学杨启亮教授以嬉笑怒骂的风格剖析课程改革中的教学实践智慧。他说，其实智慧也谈不上，只是发现了一些不够智慧的问题，焦点就是上上下下都在讲一句话：不能让孩子输在起跑线上。这句话直接的意思就是让孩子们从小学会竞争，把孩子人为地分成三六九等，最后全都输在了终点线上。他认为，基础教育就是要打基础，应该打下深刻、扎实、全面、对一辈子都有用的基础。现在有多少中国人(包括一些博士生)不会写汉字，不会说中国话，读不懂中文文献，写不出正儿八经的文章了。中文水平那么差，还都从小到老学习英语。基础不深刻不扎实，结果像某地那座漂亮的高层大楼，刚刚建成还没来得及剪彩，就直挺挺地横躺在地上变成了废物。联合国教科文组织早就提出要“学会认知”“学会做事”“学会合作”“学会生活”，但我们却反复地训练孩子学会做题、学会考试、学会竞争。发达国家正在拼命地把孩子培养成普通的劳动者，而发展中国家却在拼命地把孩子培养成贵族。如果孩子不会做普通人，不会做普通事，全社会都瞧不起平常人，都把干活当作耻辱的事，都把人民踩在脚下，社会不就危险了吗？针对已经走过多年的课改之路，他认为需要深刻反思的是：课改是否与社会发展的实际水平相匹配、是否与中国的文化传统相适应。如果千百万人都不合脚，就不能再削足适履，而应该“改履适足”了。课改的实质是思想观念的转变，而不是课程形式的变革。中国的课改必须走本土化的实践道路，借鉴外国只是照照镜子，千万别把课程改革弄成了插花艺术，插花虽然很美，但无根无土，必死无疑。杨教授的报告听起来似乎有些雷人，某些观点未免显得偏激，提的问题也很尖刻，他也坦承没有很好的解决办法。但我觉得仍然给了大家很大的启示，就是在教学实践的路上要学会智慧的思辨。教师一定要做有心人，一定要善于思考，善于对一些司空见惯的教育现象或问题进行分析研究，敢于提出自己的看法，思想认识清楚了，做事才不糊涂或少犯糊涂。

(四)人间四月的幸福教育之路

江苏省教育学院杨九俊教授以诗意的语言为我们描绘了“幸福教育的样子”。他认为，幸福是人生最大的欢乐，是内部生成的愉悦和外部生成的渴望和谐融通的感受。他这样理解幸福和教育的关系：教育的主要目的是让学生获得幸福，教育与幸福的追求是一致的，受过教育的人把幸福融入高尚的生活，推及学生。幸福教育的样子就是办幸福的学校，做幸福的老师，培养幸福的学生。他用三组新颖生动的比喻描绘幸福的教育：幸福的学校是到处“流淌着奶和蜜”的乐园；幸福的教师是春和景明的“人间四月天”；幸福的学生是至善至真的“活泼的生命”。他提出让教师幸福地教，让学生幸福地学，让学生在学习知识、学会认知的同时，获得更加丰富的精神滋养和精神享受，获得舒展的、鲜活的、生机盎然的生命历程，这是学校教育最大的意义所在。

（五）实践体验的影子培训之路

江苏省教科院柏杨主任题为“影子培训的实践与思考”是我们在南京接受集中培训的最后一讲，这一讲对我们即将开始的以实践体验为主的跟岗学习做了一次全面、系统、有针对性的辅导。由教育部命名的“影子培训”，我们习惯于叫“跟岗学习”，指的是被培训的校长与专家校长的形成“如影随形”的近距离接触，在一种真实的现场环境中，被培训的校长有效、细致地观察专家校长的日常领导行为，充分发挥影子校长个人主观能动性，把“听、看、问、议、思、写”等自主学习行为整合为一体的一种培训模式。

（六）张扬个性的自主办学之路

在南京的一周，我们还分别聆听了六位一线专家校长的六场主题报告。在“名校怎样炼成”的讲述中：①扬州市梅岭中学王力耕校长诠释了“精致教学管理”的精彩；②常州市湖塘桥中心小学教育集团奚亚英校长创造了“优质教育平民化”的奇迹；③南京市夫子庙小学冯爱东校长弘扬了“国学经典教育”的魅力；④丹阳市实验小学袁远芳校长延续着“不拘一格降人才”的厚重；⑤南京市外国语仙林学校张雷芬校长洋溢着“顺其自然”的洒脱；⑥镇江市中山路小学刘正才校长显现出“天道酬勤”的执着。各位专家校长以不同的风格演绎着各自的风采，展示出一条条个性张扬的自主办学之路。

二、名校引路

第二、第三周的跟岗学习可被称为“名校引路”。我们小组跟岗学习的学校有两所，分别是丹阳市实验小学、常州市湖塘桥中心小学。另外，我们还参观了七所学校，分别是南京市夫子庙小学、南京市外国语仙林学校、镇江市中山路小学、丹阳市开发区实验小学、丹阳市吕叔湘中学、江苏省常州中学、常州市武进区新城小学。早在新课程改革全面实施之初，我就听过这样一个说法，后来在不同场合也听人说过：南方(这里主要指广东)的课改"活而不实"，北方的课改"实而不活"，唯有江南一带的课改更为成功——"既活又实"。但是百闻不如一见，我一直很想深入江浙地区的学校，利用比较充裕的时间学习感受而非走马观花，近距离、体验式地亲身感受一下江南的课改，看一看是不是真的"既活又实"，或者是怎么样的"既活又实"。这一次总算有了机会，两周深入学校的跟岗学习，终于让我如愿以偿，大开眼界。现结合在丹阳市实验小学和常州市湖溏桥中心小学跟岗学习的体会，谈一谈从两所小学看江苏基础教育的"活"与"实"。

(一)灵活的办学机制

江苏省在办学管理、办学模式、办学自主等方面，的确比我们更加灵活，更为开放。一是教育产业化。在我们这里，甚至在广州，特别是小学阶段，基本上都是单一的公办体制和民办体制，基本上不存在教育产业化的问题，公办学校个个都是纯粹的事业单位，学校运作完全依靠政府投入。但江苏却存在着大量的国有民办学校，多数由公办名校转制而成，即名校办民校。这些优质学校转制之后，招生不再限制地段，扩大了规模，筹措了资金，既满足了人民群众对优质教育的需求，也解决了教育经费不足的状况。我们跟岗学习的丹阳市实验小学就是这样的一所学校，原来是公校民办，2010 年又由民办转回公办，现有的 3000 名学生中非地段生超过 90%，学校实行寄宿制，周边包括镇江市的许多人慕名而来就读于此。二是教育集团化。据说当时常州市教育局局长，描绘的教育蓝图就是"三个化"——集团化、国际化、小班化。他们的集团化模式，具体说就是以强校带动薄弱学校，实现名校品牌扩张，优化教育资源配置的目标。我们去跟岗学习的常州市湖塘桥中心小学就是这样一个教育集团，当时在奚校长的带领下用八年时间把一个基础薄弱的农村小学打造成全国有影响力的课改名校，并在此基础上组建教育集团，现在的规模是八个校区、11 位校长、50 多个中层领导、400 位教师、8000 名学生，实现了“优质教育平民化”的梦想。三是办学自主权。这次江苏之行所接触的校长都是名校长，本就个个“神通广大”，感觉到他们的自主权很大，在办什么样的学、怎样办学以及用人、招生、资金筹措等方面雄心勃勃、踌躇满志，似乎只有他们想不到的，没有他们做不到的。当然，他们的前提非常明确——一切为了学校的发展。

（二）鲜活的课程超市

本次学习中令我印象深刻的是江苏的学校特别是名校十分重视课程建设，他们有一个共同的口号：国家课程校本化，校本课程特色化。国家课程校本化，体现在他们能立足于学校现有的基础，关注学生和教师的现状，从教学目标的开放化建构、教学内容的人本化处理、教学方法的多样化选择、教学评价的差异性实施等方面进行更加切合校情、学情、师情的调适与生成。丹阳市实验小学的“自能课堂”、常州市湖塘桥中心小学的“三材开发”均有突出的成效，我看到两个好处，一方面优化了课程实施，另一方面强化了校本教研，这既提升了学校管理者的课程领导力，又提升了学科教师的课程执行力。校本课程特色化，使每一所学校形成各自不同的特质和品牌，是他们做得最成功的地方。丹阳市实验小学与常州市湖塘桥中心小学均有自主开发的特色鲜明的校本课程，他们称之为“课程超市”。艺术是人的精神的教育，是灵魂的教育。湖塘桥中心小学以“走班制”的形式开设艺术教育校本课程至今已坚持了 12 个年头，也正是这种普及化的艺术教育有效地改变了它作为农村学校的落后面貌，强有力地带动了全校师生整体素质的发展与学校整体水平的提升。该校设置了管乐、弦乐、书画、表演等 50 多门艺术类选修课程，一半的授课教师是来自教育集团内部信息八个校区的有艺术特长的教师，另一半是从南京、常州等地邀请的艺术家。以北校区为例，每周固定在星期三上午，打破学生年龄界限和原有班级次序，按学生兴趣和学习层次，将全校50多个班临时分成90多个，实施走班制教学。

(三)激活的教师梯队

江苏省十分重视师资队伍建设，从省、市，到区、县，再到学校，搭建并形成了体系完备、充满活力的教师专业发展梯队。教坛新秀—教学能手—区级骨干—市级骨干—市学科带头人—特级教师后备人才—特级教师—人民教育培养对象，学海无涯，艺无止境，搭起了一条专业成长的“云梯”。每一位教师除了站好自己的三尺讲台，还要在自己所在平台上承担明确的责任。比如，市级骨干教师，除了要努力地成长为市级学科带头人，还要承担培养一批区级骨干的责任。每一位特级教师和人民教育家培养对象都要成立名师工作室，他们每年可享受一定额度的经费资助(评上人民教育家培养对象每年可获约20000元的资助)，但必须得以三年或五年为行动周期制订并执行详尽的计划和方案，按《名师工作室工作条例》严格管理，落实任务和职责。普通教师、一般教师也不可能闲着脚步、无所用心，他们必须和本校或区的骨干教师结成师徒或结成对子，关于每学期师徒之间的互相听课、共同备课、专题研讨也有明确的规定。总之，人人有目标，个个有发展。各级政府部门、教育行政部门、教研培训部门投入、支持和推进教师专业发展的力度也很大。常州市一所学校产生了一位特级教师，所在的区政府奖给学校20万元以资鼓励。江苏省评选特级教师实行两年一评制，目前全省有在职特级教师1000多人，2009年又启动了人民教育家培养对象的评选活动。广东省的特级教师评选于最近才改成每两年评一次。我们这里多数小学教师评上中级职称(小学高级教师)已经到头，而且不少人评了还聘不上，想再评个副高级职称几乎难于登天，而江苏省的小学教师评上高级职称的要求似乎比我们宽松很多，仅去年一年，我们跟岗学习的常州市湖塘桥中心小学就有十几位教师同时评上了副高级职称。

(四)学习基础抓得实

基础教育的本质是为人的一生发展奠定基础的，奠定全面而扎实的基础。我们在丹阳市实验小学和常州市湖塘桥中心小学一共听了十多节课，感觉他们对每一门课程都很重视，课堂教学扎实有效，学生习惯的养成、兴趣的培养、技能的训练、思维的发展都很不错，听说读写的基本功能都挺扎实。最难能可贵的是，我们走过的几所学校都把“阳光体育”计划落到了实处，“每天体育锻炼一小时”是真正的实打实的一小时。以丹阳市实验小学为例，每天早上第一节课后早操和大课间活动共长达40分钟，第三节课前眼保健操5分钟；下午第一节课后做课间操20分钟，第三节课前做一次5分钟眼保健操。这样，学生每天的体育活动时间已经超过了一小时，每周2～4节的体育课还没算上。强健的身体，阳光的心态，昂扬的风貌，其实是最重要的基础。他们的德育课程也很有成效，精心引导学生学会生活、学会做人，学生品德修养的基础打得扎实，如镇江市中山路小学开展小学生“行为习惯考级”活动，常州市湖塘桥中心小学开展的“美德银行储蓄”活动，学生人人参与“美德储蓄”，参评“美德富翁”。

（五）管理细节落得实

制度重在细则，管理重在细节，这是我本次江苏名校之行的深刻体会，本次接触到的江苏名校，不光是名声在外，不光是名在包装和打造，而主要是名在内涵和质量，名在过程和细节。学校不仅有健全的规章制度，而且有具体的执行细则，并且很注重在管理实践中对各项细则不断地动态生成和细化完善。丹阳市实验小学在教学“六认真”管理、教科研一体化、教师绩效考核等方面，由于制度订得细，执行落得实，因此该校的常规工作很扎实，过程管理很到位。镇江从全市的层面大张旗鼓力抓“教学六认真”：认真备课、认真上课、认真批改、认真辅导、认真测评、认真教研。丹阳市实验小学在贯彻执行中注重从一些细节入手使“六认真”落实到位。比如，“认真备课”，规定教师备课可以电子与手写结合、主备与从备结合。他们更进一步细化地规定教龄六年以上的教师才可以用网络电子备课，不足六年的教师必须老老实实手写教案，以此作为对新教师入行的磨练。学科年级备课组在学期初制订详细的分工计划，明确每一课的主备和从备。主备人备好课后，其他人可以共享，但不能直接拿来使用，使用前必须依据自身实际做三处以上的修改，否则照违规论处。再如，“认真教研”，丹阳市实验小学对“师徒结对”提出明确的量化要求：每学期师傅必须听徒弟的课至少五次，徒弟必须听师傅的课至少十次，每周师徒必须共同研讨一节课。在常州市湖塘桥中心小学，他们的常规管理同样非常到位，每一次听课研讨活动的“课前说课—上课听课—评课研讨”三个环节必不可少。4 月 28 日，我们有幸参加了常州市湖塘桥中心小学教育集团每月一次的联合调研，八个校区 50 多名中层以上干部集中起来，抽查其中一个校区的工作。调研活动分若干个工作小组，分头检查课堂教学(听课)、教师备课、作业批改、综合实践课程落实、专用课室使用与管理、班主任工作手册、师徒结对工作手册等八个方面。第一节课分头检查，第二节课现场反馈：优点说透，缺点不漏，策略给够。第三节课随即召开当月总结会，点评“上榜故事”，发放“金色赠券”，并布置和强调下月工作。以上只是侧重描述这些名校在教学管理、教师管理方面的“实”，其实，他们在校园管理和学生管理方面也做得更好，小到校园的点滴角落，细到学生的点滴言行，都有明确的监管和到位的指引。

三、自己走路

有专家的点拨指导，有名校的示范引领，关键还得学以致用，得有自己的实际行动，也就是要学会“自己走路”，学会走自己的路。

(一)做一个积极又乐观的青蛙

江苏省教科院程振响教授在讲座中提到一个关于“井底之蛙”的案例：青蛙在小鸟的引导下跳出井底，后来怎么样？大部分学生都是定势思维，想象着青蛙投身大自然的怀抱，对外面的世界展开了美好的探索。只有一个学生与众不同，认为青蛙又回到了井里。原因是外面的世界并非小鸟说的那么美好，大气、河流的污染，城市、马路的喧嚣，让它感到充满危险，它觉得还是井里舒服。当然，程教授讲这个案例，本意是想表明教师在课堂上要尊重和关注学生的个性，允许和接纳不同的声音。但是这个案例却引发了我的另一番思考，联想到教师的专业成长，我觉得许多时候许多教师，包括我自己，不正像这只跳出井底，但却徘徊不前，甚至退回井里的青蛙吗？在专业成长的道路上，谁不曾满怀信心地“跳出井底”？谁不曾意气风发地大步前行？但随着时间的流逝和岁月的打磨，渐渐地，我们失去了激情和锐气，带上了疲惫和倦怠，虽然能看到前途的光明，看到天空的高远，但同时也深深地感到：外面的世界很精彩，外面的世界也很无奈。于是，有的人停下脚步，徘徊不前，有的人甚至退回到起点，宁愿抱残守缺，随遇而安。但是，我们的职业是教师，我们的事业是教育，教书育人的职责和使命，以及社会发展对教师的要求，容不得我们做井底之蛙，也容不下我们半途而废，我们只能沿着专业成长、专业发展的路坚定地往前走。正像一位校长作报告时所说的那样：你选择了教师这份职业，就必须接受它的全部，而不仅仅只享受它带给你的利益和快乐。我们与其悲观，摇摆退缩，倒不如树立信心，振奋精神，以积极的心态，乐观的精神，强烈的使命感，坚定执著地在专业成长的路上勇往直前。

（二）架一座理论与实践的虹桥

本次在江苏省的学习，先在高校倾听专家教授的理论，再到一线观察名校的实践，这让我想到一个有趣的现象：高校的教授们理论水平高，对基础教育看得很准，但那只是纸上谈兵，缺乏实践的检验。相反，对于广大的一线学校，特别是偏远、薄弱的学校，教师们天天都在实践，但只是埋头苦干，缺乏理论的指导；而一线学校中的这些名校，像我们这次跟岗学习的这些学校之所以走在了广大学校的前列，就是因为他们在教育理论和教育实践之间找到了结合点和切入点，使他们的办学行为既有理论的支撑，又有实践的依托。仔细观察本次学习以及平时接触到的名校长、名师，虽然他们每一个人都极具个性，但他们的共同点也很突出——他们十分关注自己的办学方向是否有科学的依据，办学行为是否有理论的支撑，办学过程是否有专家的引领。作为学校的灵魂，校长十分清楚自己的学校正在做什么，为什么要做，要做成什么样，他们对方向和目标把握准确，然后专注而执著地带领团队付诸行动和实践。因此，我觉得校长一定要不断提高自己的理论水平和实践能力，使自己能够在理论和实践之间架起一座桥梁，在把握教育规律方面驾轻就熟，在指导教学实践方面应对自如。

（三）办一所规范而自由的学校

镇江市中山路小学的学风是“规范而自由”，教风是“严谨而创新”。刘正才校长是一位儒雅谦和的特级教师，提出了“办规范的教育，过愉快的生活”的办学主张，我很认同刘校长的主张，好的教育应该是规范而自由的教育，好的学校应该是规范而自由的学校。首先是规范。一所好学校，首先要有规范的制度文化、规范的课程体系、规范的管理过程、规范的运作模式，校长秉持严谨的治学态度，教师遵从优良的职业道德，培养的学生能够从小懂规矩、守规则，养成良好的行为习惯。其次是自由，以规范为基础的自由。一所好学校，在规范的基础上更要张扬个性，彰显特色，不断超越自我，走向卓越，发挥办学的自主性，强化独立的精神，追求自由的思想。规范是自由的前提，自由是规范的升华，教育的目的是让人获得自由充分的发展。总之，规范而自由的教育，必然是为学生终身学习，为学生人格发展，为学生生命成长奠定坚实基础的教育。

以上三点，换个角度，如果从专业成长和发展的视角来考虑和理解，我认为，它也许可以代表教师、校长专业成长与发展的三个层面：“积极又乐观”是教师、校长应该拥有和秉持的专业态度与职业情感；“理论与实践”是教师、校长应该达到和执行的专业厚度与职业要求；“规范而自由”是教师、校长应该追求和超越的专业风度与职业境界。

人间四月天，行走在路上。路在何方？路在脚下。教育之路漫漫，其任重而修远，思路比出路重要，探索比到达重要，我们永远在路上，我们永远是行者！

深圳学习浮思

张裕

秋季开学以来，教学和班务等工作令大家应接不暇，每天忙得热火朝天，无意又为广州的盛夏增添了几分热情。甚至还来不及细细感受夏秋交接的清凉，囫囵之间已滑进深秋。11月初的深圳，早晨凉意甚浓。微风摇动清露，晨曦刺透层云，这座年轻的城市，要迎来蓬勃的一天。我心窃喜，只为偷得三日闲——参加由区教研室组织的学习活动。

张裕老师

说是偷闲，自然只是比较而言。在深圳三天的学习，行程满满，优秀课例展示、文学大家讲坛等活动异彩纷呈，无论如何是不能错过的。或是享誉已久的“大师级”教师与后生可畏的青年名师的精心授课，或是语文教材研究员崔峦老师的深度评课，或是现当代文学家周国平、贾平凹的朴实讲座，或是……内容之丰富，规模之宏大，实为不可多得的学习机会。

学习第二天下午，当六十多岁(2016年)的贾平凹老先生出现在眼前时，只见岁月在他脸上刻下的痕迹已很深，我似乎更能理解他的写作风格了。贾老的话音一出，现场一阵骚动，竟是如此浓郁的陕西腔！他倒习以为常，还轻松地幽了大家一默：“普通话是普通人说的，我只会说陕西话。”从厚厚的发言稿可以看出他做了充分的准备，从讲话的内容更能品味出他的真实、质朴。我尤其赞同他的这一观点：学校里的写作，应培养学生三个能力——想象能力、观察能力和文字表达能力。本以为一位已经站在文学高坛的大家较难洞察一线教育的细微，但是贾老却令我很意外。这不正对应了作文素材的三个来源：生活、阅读和想象吗？

不由得联想到我的学生。这是我参加工作的第四年，任教三年级，也是第一次教中年段。三年级的习作训练，是重点，也是难点。许多学生一下子难以适应一篇完整文章的写作，思维仍停留在一二年级的片段写话上。面对难度骤增的作文，有些学生明显无从下笔，要么内容空洞，泛泛而谈，要么内容与主题相去甚远。我不禁思考：问题之根何在？如何提高学生的写作兴趣与能力？思来想去，学生除了加强课外阅读、勤练笔以及增加生活体验之外，恐无他。课堂上，教师教给学生的往往只能是方法，其中，读写结合便是一种非常有效的指导。例如，教学《小摄影师》一课时，安排学生续写，延续他们的学习热情；教学《秋天的雨》时，指导学生仿写第二自然段，运用比喻、拟人、排比等修辞手法，并运用恰当的动词；学习《听听，秋的声音》后，学生也来做一个小诗人，写写自己眼中的秋天……佳作诞生时，我常常要隆重地请出小作者朗读、分享，同学们也听得津津有味，不知不觉中，不少同学渐渐生发了习作兴趣。果然，得法于课内，迁移至单元习作甚至自主写作中，狗尾续貂、东拼西凑等写作乱象越来越少。

教学之路，漫漫长途。惟愿蓦然回首，来时的小路鲜花盛开、彩蝶流连。

（三）青蓝工程促成长

翻开《怡园小学管理规章制度汇编》，会发现在教师业务学习制度上有这样一条明文规定："新教师与老教师结成师徒对子，制订师徒带教计划，认真落实，完成学校规定的师徒带教任务，并参加每学期一次的师徒带教心得总结会议。"这便是怡园小学的青蓝工程。青蓝工程是怡园小学为加强师资队伍建设，落实对青年教师和新到校教师的培训培养而实施的重要人才培养工程。以 2017—2018 年为例，见表 3-2。

表 3-2　2017—2018 年青蓝工程结对子名单

学科	导师	学员
语文	黄艳	赵美娴
	罗伟民	杨艳
	黄艳丽	黄晗卿
	梁敏	梁翠莹
	方怀	陈君赐
	黄海红	吴伟峰

续表

学科	导师	学员
数学	吴卫红	梁静琴
	林少群	曹晖
	李苑	师晓娟
	朱俊	陈燕杰
	陆肖娟	简燕樱
	罗小燕	徐嫣
	徐焕华	肖淑琪
英语	佘欣然	李瑶瑶
	曾文静	周洐好
	戴虹	陆敏静
	杨党英	罗燕敏
体育	曹承花	梅修云
	钟冠青	周家杰
科学	区绮雯	林光荣
音乐	秦丽春	王洁
校医	余燕锦	罗少琼

为了落实青蓝工程，怡园小学为每一位新教师安排经验丰富的教师担任其导师，结成对子，在教育教学实践中给予其及时指导，使其迅速提高专业素养。同时，定期开展各种活动，确保这项制度落实到位，具体要求如下。

1. 导师方面

①每月月末检查新教师教案、反思，及时反馈、指导。

②每学期有针对性地为新教师上示范课(不同课型)不少于三节。

2. 新教师方面

①新教师坚持手写教案(提前一周课时进度)，坚持写教学反思和教

育教学随笔。

②每月邀请导师听课指导至少一节，每学期不少于四节。

3. 师徒方面

①每周有相对固定的时间进行备课、研讨。

②双方在日常工作中密切联系，新教师主动请教，导师经常指点，针对新教师在课堂教学、班级管理、家校沟通等方面的疑难、困惑，师徒商量解决问题的策略和改进工作的方法。

4. 学校方面

①教导处每学期组织一两次以“师徒结对”为主体，以培养青年教师为主题的研讨、交流、分享活动。

②建立一定的激励奖励制度，以评促优。评选角度包括师徒之间的互评，所在年级组的评价，学校领导的观察、了解，新教师所教班级的学生和学生家长的评价等。

青蓝工程是关心青年教师成长过程的重要环节。多年来，一批又一批青年教师成长起来，经历从徒弟到师傅、从摸索教学到成为教学骨干的过程，并将这种传、帮、带的精神传承下去。

青蓝工程活动中师徒合影

俗话说："吃水不忘挖井人。"对于徒弟而言，师傅就如父母，有再造之恩。接下来，我们来看这一对师徒。

佘欣然：Miss 戴，时间过得真快呀，转眼我成为"怡园人"都两年多了，我还记得两年前在一楼的英语科组办公室，第一次与您见面，您还记得吗？

Miss 戴：我当然记得啦，不过那可不是我们第一次见面呢，试教的现场我就见到你了，你穿着一身黑西装……

佘欣然：看来我们的缘分早就开始了。有时候自己也觉得很神奇，我不是师范出身，想当初，初进课堂，面对一班调皮鬼，自己可真是有些惶恐，没想到自己这两年能这么快地成长，多亏您处处帮我，给予我指导。

Miss 戴：你当时真是初生牛犊不怕虎，我还记得你进学校第一周我就去听课了，不过我当时说你的教态完全不像小学老师，语调没有起伏，完全是个教授范儿，英语老师应该是活跃、有趣、富有激情的。

佘欣然：多亏您一开始就指出了我这个问题，后来我才琢磨如何改进这点。对于被听课，我还真是一点负担感没有，这两年我邀请老师们来听课，试教课、正式课，加起来都超过 20 节了。每一位听课老师都会给我宝贵的建议，磨课真是最快的成长方法，所以我非常欢迎老师们来听课。我印象很深的一次，家长开放课，您抽空来电教室坐在后面听课，课后给我鼓励、提建议。

Miss 戴：你这种心态真好，你欢迎大家来听课，吸收了许多优秀的想法。不仅如此，我每次通知你有听课的机会，你从来不放过任何学习的机会，所以你上手很快。你进来第一年，我们一块儿坐在科组办公室，我看你每一单元都提前向同级的杨党英老师请教，分析教材内容，一起备课，这也是你上手快的原因。

佘欣然：是呀，我第一年和 Miss 杨搭档，作为新人，我想自己必须多干点。所以我一开始就跟杨老师说："Miss 杨，您多出主意、多下指示，干活儿、杂事都交给我来。”无论是平时，还是区调研、市调研，她组织备课，我做课件，我们配合得可好了。

Miss 戴：还好你好学，迅速成长，这不马上就迎来挑战了，你来后第二学期，黄埔区举行首届中小学优师教学大赛，你还记得吗？

佘欣然：那是我入职以来的第一个比赛，印象太深刻了。之前的区调研、市调研课，我也就工作到晚上 12 点左右，优师大赛，周一给题目，周五就比赛，一边正常上班，一边准备说课课件、板书。我那一周连续四晚都工作到凌晨三四点，中午也没有午休，一次又一次找您、与科组老师讨论，我还记得那一周每晚都要跟您通一小时电话，麦可(Miss 戴的孩子)估计都在埋怨我霸占了她妈妈了。

Miss 戴：你确实是全力以赴，比赛前一晚，我俩在一年级的空教室里，你练习说课，我在一旁提建议，不断调整，看着你不断进步，说得越来越流利，我心里很开心。作为毕业不到一年的老师，你能获区级奖真的很难得。

佘欣然：第一年虽然辛苦，但真的非常充实，我都能感觉到自己的成长。第二年是我加速成长和初享收获的一年。在我的脑海里，这一年的标签就是：打不完的怪兽，熬不完的夜。

Miss 戴：是呀，2016 学年比 2015 学年更忙碌，更充实了。

佘欣然：一开学，我就接到一师一优课的录像任务，又是一个星期的熬夜、反复试教，我在五年级借班上课。除了每次试教您都来、每晚接我的骚扰电话、讨论课件，令我印象特别深刻的是，我录课时，您班上有课，不过您还是在眼保健操的时间在课室窗外观察了一阵，我特别感动，当时我就想必须得好好上，不能辜负了您的期望。所以后来我得知这节课获得了教育部级优课的称号，我首先想感谢的人就是您。

Miss 戴：我一直放心不下你呀，当然得去看看你。其实，我一直希望你能走出“怡小”多尝试、多学习，我鼓励你申请加入广州市低年级中心组，成为中心组成员，也向区教研员推荐了你，承担区公开课。

佘欣然：真的非常感激，这两件事让我成长了许多。我加入市中心组，跟着教研员赵淑红老师，带动怡园小学低年级英语发展，本学期还在区里分享了我们去年(2016 年)的经验；上学期的中心组交流课，我打开了绘本教学的大门。而为了上区公开课，教研员带着我们前往上海学习，白天听课，晚上在酒店讨论，增长见识，我收获了许多。我有两方面的感触。一方面，纸上得来终觉浅，绝知此事要躬行。公开课虽然辛苦，但是对于教材把握和特定教学理念都会有更深刻的体会。另一方面，“怡小”科组、学校真的很温暖，区公开课第四课时是异地教学，学校支持我带学生去，陈建明副校长帮忙联系大巴，杨主任、泽鎏帮我带学生，您在现场陪了我一天。我每一步的成长多亏了这些强大的后盾。

Miss 戴：“怡小”就是一个温暖的大家庭，每个人都能得到大家的帮助和关怀。英语科组更是如此，大家共同讨论，互相学习，共同成长。还记得上学期我们在研讨二年级字母课时，我跟你说“如果我是科组老师，我希望 don’t tell me, just show me”(不要告诉我怎么做，给我展示一番反而更好)。你很支持我的想法，你给大家上了一节字母教学示范课，大家心中马上明朗了。

佘欣然：是呀，自己上一课，心里清楚了，听课的老师们也清楚了，多好呀！

Miss 戴：最后，我问问你，你对于自己这两年的成长有什么感触？

佘欣然：过去这两年说实话，真的很辛苦，去年(2016 年)我都没怎么睡过午觉，还疯狂地熬了很多夜，就以上学期 5 月为例，一堂公开课、一堂录像课，两次前往佛山出差，还经常做代班主任，医生要我去拔智齿我都不敢，怕影响工作。但是我很快乐，因为我收获了很多，无论教学还是为人处事，成长时付出点“疼痛”是正常的。非常感谢您的陪伴、帮助和支持，感谢学习型科组，感谢温暖的怡园小学，感谢学校领导的信任和栽培，我一定会继续学习、实践、不怕辛苦，把优良的“怡小”精神传承下去。

师傅戴虹与徒弟佘欣然

欣然老师何其幸运，来到了怡园小学，“怡小”完善而充满人情味的成长制度的保障；遇见了 Miss 戴，她有大方而无私的经验分享和知识传授。在怡园小学，这样的师徒，不只她们一对，还有无数对充满情谊的师徒。

培养新人，怡园小学除了有师徒结对的方式，还有“走出去，请进来”的方式。学校有关教师业务学习的制度规定：青年教师要认真参加教导处组织的教师教育教学基本功培训和讲座，要求人人过关。所以，学校多次派教师参加各种名师讲座，为教师自身发展提供机会和方便。

(四)结对帮扶谋共进

怡园小学是广东省首批省一级学校，黄埔区窗口学校。自 2009 年 3 月，怡园小学与丰顺县潭江中心小学结对成帮扶学校以来，学校行政班子高度重视，多年来不仅在经费上对潭江中心小学给予支持，而且多次奔赴潭江中心小学，围绕办学思想、理念、管理制度、日常管理等方面进行研讨，协助潭江中心小学制订中长期、短期发展目标及规划。同时，怡园小学还派出各分管校长、中层和科组组长到潭江中心小学，参与管理与决策。其间，还邀请潭江中心小学的中层以上干部到怡园小学

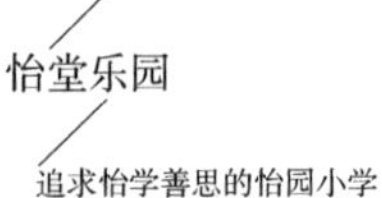

参观学习，邀请潭江中心小学的行政人员和部分教师参加怡园小学的教育、教学等常规活动。

广东省“千校扶千校”活动中怡园小字与梅州潭江中心小学“手拉手”

2017 年 12 月 15 日，袁超校长带领学校一批学科骨干教师，来到丰顺县潭江中心小学，开展送教和专题讲座交流等“传经送宝”活动。

当日，袁校长在潭江中心小学校长廖伟良的陪同下早早地来到了潭江镇官溪小学，为该校的五、六年级学生，举办了一场“学成语，读论语——国学经典诵读”讲座。课后，同学们纷纷表示从中学到了不少成语并了解了一些典故背后的教育意义，增进了对祖国优秀传统文化的了解和热爱。

在潭江中心小学校本部，来自“怡小”的三位学科骨干教师分别就语文、数学、科学各上了一节精彩纷呈的示范公开课。崔莹老师给六(1)班学生上的《一波三折写心理》一课中，同学们学到了人物心理描写的写作技巧；五(2)班的数学课堂上，不时传来一阵阵欢快的笑声，李爽老师通过摸球游戏等环节，带领学生们研究了可能性，学生们在轻松愉快的氛围中，感受到数学在实际生活中广泛的应用；在四(1)班的科学课堂上，冯素婷老师通过吹气球、自制花洒等演示实验向学生们证明了不可捉摸的空气的存在，并引导学生分组进行实验自主探究改变大气压力的影响因素。

科学课中，学生不仅了解了大气压的神奇，而且通过自己的努力获得了冯老师的奖励——每人一个乒乓球。从学生们专注的目光和灿烂笑容中，可以看出他们对科学充满了好奇与期待，并非常享受科学探究过程。

课后，三位老师分别对潭江中心小学相应学科老师就如何上好习作课，提高学生的计算能力，怎样进行科学课教学设计等问题进行了交流指导。

在座谈会上，“怡小”教导处主任戴虹分享了本校英语科组团队建设的成功经验；袁超校长做了题为“‘怡’文化的传承与发展”的办学经验介绍，并表示今后愿在国旗护卫班训练和科组建设等方面提供全力支持。

此次活动的开展，不仅增进了两校师生间的友谊，而且对受援学校在更新办学理念、提高教育教学水平等方面具有很大的促进作用。

帮扶工作，促进了边远学校的发展，同时也推进了我校的教育教学工作。我们的老师和学生看到了落后地区的教育状况，让我们更珍惜现在所拥有的一切，更努力发奋。

几年下来，我们认识到“千校扶千校”行动的重大意义。就广东省来说，此行动对促进教育公平，全面提高广东省义务教育的整体水平起到了积极的推动作用。对结对子的学校来说，促进教师教育观念的转变，提高教育教学水平，为教师搭建交流、成长的平台，进行师德教育等方面，双方都受益匪浅。在今后的工作中，怡园小学将继续坚持从实际出发，注重实效，使支援学校和受援学校达到相互促进、共同提高、优质资源共享的目的，为逐步提高农村学校的办学水平而努力，实现城乡基础教育均衡发展。

三、怡园学子，绽放风采

《学记》中记载：“大学之教也，时教必有正业，退息必有居学。”所谓“正业”，指的是课堂教学，而“居学”就是指课堂教学以外的活动。也就是说，受教育者在课堂学习之外，还要进行与课堂学习有关的课外活动。这样才能使受教育者“安礼”“乐学”，从而实现“安其学而亲其师”“乐其友而信其道”“虽离师辅而不反”的目的。

怡园小学以“怡”文化为引领，立志培养具有“黄埔精神、家国情怀、国际视野”的“怡美”少年，让师生在充满爱和智慧的校园里茁壮成长！在此理念下，学校在德育、科技、文艺等方面丰富了课外活动的内涵，着力为学生营造健康快乐的成长环境，为学生的全面发展奠定坚实的基础。

(一)春风化雨润嫩芽

列夫·托尔斯泰曾说：“人类被赋予了一种工作，那就是精神的成长。”学校的德育活动，是通过润物无声的方式，让学生在活动中体会感受到积极向上的人生态度、正确的思想价值观念的引领，让学生在自觉参与中得到熏陶，精神生活得到充实，道德境界得到升华。

为了培养学生的高尚情操，怡园小学开展了丰富多彩的德育活动。3 月学雷锋，队员们走进社区开展丰富的“学雷锋活动”。4 月开展了“我们的节日清明——网上祭英烈”活动。5 月开展了“我们的节日端午——全民健身趣味运动会”活动，等等。这些极富教育意义的课外活动，能够提高学生的思想水平，培养学生的爱国主义情怀和公民意识。

1. 跳蚤市场，奉献爱心

2015 年 4 月 3 日、17 日下午，怡园小学东、西校区分别在操场开展了“节能环保我能行——红领巾跳蚤市场”义卖活动。

红领巾跳蚤市场使怡园小学的少先队员从小形成低碳环保、关爱他人的意识，养成乐于助人、乐于奉献的良好品质，同时也为丰顺县潭江中心小学少先队阵地建设筹集了基金。

这次活动很好地锻炼了少先队员们的组织、宣传、管理等能力。活动前期，少先队员们自主制作创意宣传海报，自主布置商品展示台，他们各司其职，各尽其责。活动中，他们自主宣传，合理推销带来的各种商品。操场上的商品琳琅满目：玩具、文具、手工艺品、图书……人们在摊位间来回穿梭，细心挑选，在购买自己所需之物的同时也奉献了一份爱心。

跳蚤市场上，黄埔区启智学校的少先队员们带来了他们亲手制作的爱心香皂，携手为爱心义卖尽一份力。

红领巾跳蚤市场义卖活动寓教于乐，让少先队员们在商品交易中懂得了公平合理、团队合作与奉献爱心。

红领巾跳蚤市场义卖活动

2. 传承英雄精神，雏鹰展翅高飞

一年一度的清明节刚过，为进一步弘扬中华民族优秀传统文化，丰富节日文化内涵，同时培养新生的爱队意识，了解队史，掌握队仪，尊重少先队，感受作为一名光荣的少先队员的神圣使命，增强学校少先队组织的力量，促进怡园小学红领巾事业的蓬勃发展，2016 年 4 月 5 日，怡园小学结合活动主题“我们的节日 · 清明”，举行了隆重的“传承英雄精神，雏鹰展翅高飞”入队仪式。

为迎接这一天，各中队辅导员做了充分的准备，包括新队员的选举、队前教育、老队员的推选、仪仗队的训练，等等。活动当天，全体

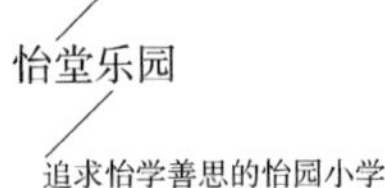

队员昂首挺胸、精神抖擞地在学校操场集合，队伍整齐、场面肃静。在《我们是共产主义接班人》的庄严旋律中，入队仪式正式拉开序幕。

《红领巾飘起来》的活泼旋律响起，六年级少先队员双手托着红领巾，走到一年级新队员面前，为他们佩戴红领巾。新队员敬礼，授予者还礼。在这一授一接、一敬一还之间，流露出老队员对新队员的关爱，彰显了怡园小学优良传统的传承。整个仪式井然有序，宣誓、呼号、退旗等环节有条不紊地进行着，无论新队员还是老队员，心中都增添了一份沉甸甸的责任感。

正如大队部辅导员黄老师所言：“入队是一次自我挑战，入队是一次理想启航。”希望怡园小学全体队员继续铭记、追思先人的身影、足迹，继承发扬先辈的优秀传统，同时珍惜当下的幸福生活，开创美好的未来！

一年级学生入队仪式1

一年级学生入队仪式2

3. 海关大课堂，倡导文明游

2017年4月20日下午，怡园小学迎来了英姿飒爽、亲切友好的广州海关人员。这是一支热衷于宣传海关知识、致力于培养学生国家安全意识的公益队伍。他们精心准备了各项活动和礼物，让学生们快快乐乐、轻轻松松地学习了不少安全文明出入境知识。

活动现场，学生们通过拼图比赛，熟悉了中国海关的标志；通过排序比赛，了解了中国海关的工作内容；通过模拟出入境场景，明白了什么叫申报通道和无申报通道；通过学习手指操，牢牢记住了12360是海关咨询热线电话号码。

假期里，很多学生都会跟随父母出国旅游，这次广州海关志愿者的到来，无疑给他们上了一堂难忘的安全教育课。相信从今天开始，怡园小学的学生们已经知道如何做一个遵纪守法的好游客。

海关课堂进校园1

海关课堂进校园2

4. 国旗仪仗队，传承国旗文化

国旗是我们伟大祖国的象征和标志，代表祖国的尊严。为培养学生的国旗意识，增强爱国情操，发扬爱国主义精神，2015年3月12日上午，怡园小学隆重举行了"心中的旗帜"国旗仪仗队展示活动。参加此次活动的有时任黄埔区教育局副局长杨秀兰、时任黄埔区教育局综合科负责人黄林波、时任区少工委劳静主任，天安门国旗班第八任班长——赵新风，还有100多位家长代表以及东校区三年级的50名同学。

怡园小学国旗仪仗队成立于2003年，是广东省第一支青少年国旗仪仗队。2004年，怡园小学组织第一批国旗仪仗队预备队员参加了全国第三届青少年升旗手训练营，由天安门国旗班第八任班长、北京奥运会颁奖仪式升旗手培训教师赵新风亲自执教，此后学校几乎每年都会组织学生赴京参加训练。

当威武雄壮的国歌在学校的上空唱响，怡园小学近120名国旗仪仗队队员分三批整装列队，在响亮的口号声中，踏着整齐的正步通过主席台接受检阅。他们个个精神抖擞，神情庄重，整齐划一的踏步声赢得了现场师生和家长雷鸣般的掌声。

“五星红旗迎风飘扬，胜利歌声多么响亮，歌唱我们亲爱的祖国，从今走向繁荣富强。”“五星红旗，你是我的骄傲，你的名字，比我生命更重要。”这份激动化作泪水流入心田，这次特别的满载着国旗精神的盛大集会如春雨一般，化作一股力量，滋润着孩童稚嫩的心，激发了学子的爱国之情。这一面旗帜永远在我们的心中飘扬。

威武的国旗仪仗队 1

威武的国旗仪仗队 2

(二)丰富多彩怡课堂

社会的进步，经济的发展，为现代学习带来了许多便利之处，也使快乐学习成为了可能。高质量的教学，丰富的课程，特色鲜明的教学活动等，让怡园小学的学生找到了学习的快乐。怡园小学，正如其名，不仅是学习知识的场所，而且是一个快乐的成长园。因此，在怡园小学，每一名学生都是快乐的。

1. 书法练习，修身养性

2013 年教育部发布的《中小学书法教育指导纲要》，明确要求各地中小学将书法教育纳入常规教学体系中，让学生分年龄、分阶段地学习硬笔和毛笔书法。书法课程在很多学校都是作为第二课堂来开设的，可是在怡园小学则不然。书法课跟语、数、英等课程一样，都是怡园小学的常规课程。学校在保证专业师资的同时，还保证足够的课时和固定的教室。

多年来，一直重视硬笔书法教育的怡园小学，在《中小学书法教育指导纲要》的指导下，2013 学年伊始，开设了毛笔书法课，书法教育不仅是兴趣小组课，而且是正式进入三至五年级每一名学生的课堂。

新学期，怡园小学三年级的课程表中，新增了每周一节的毛笔书法课。书法课上，满怀期待的学生们在认识了笔、墨、纸、砚文房四宝之后，拿起毛笔，小心翼翼地跟着区青少年宫外聘书法教师，有模有样地写下自己的第一个毛笔字。教室里，宣纸铺陈，墨香四溢，学生们屏气凝神，专注于每一笔的起笔、行笔、收笔，初步感受到了中华书法的艺术魅力。

教学中，教师依据《义务教育语文课程标准(2011 年版)》和《九年义务教育全日制小学写字教学指导纲要》的要求，着力优化写字指导方法，致力于学生行为习惯和基本技能的培养，特别是严格对握笔、运笔、坐姿的指导与训练，且讲究养成正确的写字姿势和良好的写字习惯，做到“三个一”(眼睛离纸平面一尺，胸口离桌一拳，握笔的手指离笔尖一寸)，“八个字”(头正、身直、臂开、足平)。此外，学校给学生布置书法作业，并由书法老师批改。作业情况及时通过校讯通与家长沟通。校内外相结合，相信经过一段时间的学习，学生会有长足的进步。

毛笔书法承载着中华民族的灿烂文化，是中华民族的文化瑰宝。学习毛笔书法，不仅可以提高学生的书写能力，而且还能培养学生的审美能力以及文化素养。怡园小学大力开展毛笔书法教育，在校园中营造浓厚的书香气息，学生将会受益无穷。

通过几年汉字书写的学习，“怡小”学生在各项比赛中屡获佳绩。

①在第十九届全国中小学生绘画书法作品比赛中，冯斐同学获书法类一等奖，喻桐同学获三等奖。

毛笔书法进课堂

②在“星光杯”第八届广州市青少年书法大赛中，冯斐同学获儿童组二等奖，许熙岚同学获三等奖。

③在第六届黄埔区学生规范汉字书写大赛中，刘虹谷、赵淑晶荣同学获特等奖，孙恺琦同学荣获二等奖，黄晓韵、李家苗同学荣获三等奖。

……

2. 经典诵读，滋润心灵

2013 年 12 月 1 日下午，怡园小学代表队顺利入围了广州市第五届中小学生诵读中华经典美文表演大赛的总决赛。当天下午，来自全市各区、县级市和局属学校共 28 支代表队。

怡园小学以“荷”为主题，一群学生身着绿衣为“荷叶”，中间一位可爱的女孩身着粉衣扮荷花，荷叶田田，荷花盛开，让人仿佛置身于江南水乡。怡园小学代表队别出心裁，将舞蹈、诵读、国画等元素巧妙地融合在一起，伴随着琅琅书声翩翩起舞，台下观众无不沉醉其中。

怡园小学获广州市第五届中小学生诵读
中华经典美文表演大赛总决赛二等奖

经典诵读是怡园小学的一项常规工作。每天早读前的十分钟和午会的十分钟，各年级学生分别诵读《弟子规》《三字经》《日有所诵》《论语》《笠翁对韵》等。学校规定一、二年级诵读《三字经》《弟子规》和 10 首古诗；三、四年级诵读《千字文》和 20 首古诗；五、六年级诵读《诗经》和 30 首古诗。除了规定的内容，教师还可以自选内容，如《三十六计》《孙子兵法》等。

各班级指导教师根据诵读的内容制订计划，每天和学生一起诵读美文。班级的黑板报上，每周会刊登一首诗、一句经典文句，学生需要在这一周内反复诵读并记忆。班级内还有古诗文诵读和背诵比赛，目的是鼓励学生多诵多背。同时，各科教师合力为学生组织各种具有创造性的活动，让学生对诵读产生热情。

在诵读之余，学生自制故事诵读卡，卡片用硬纸板制作而成，正面为古诗文，反面为诗文配图或诗意解释，每张卡片上都有一首诗文，学生可以在班内交流背诵。

班级还开展了古诗文手抄报的制作活动，为诗文配画，用画面表现诗文意境。学生们会交出作品参加评比，优秀的手抄报会贴在橱窗中展示。

以经典诗文为主题，学校还开展了语文书法比赛，优秀的铅笔和钢笔作品将会被展示。每个年级还会出一个节目，以经典诵读为主题，用音乐、舞蹈、美术等多种艺术手段进行诠释。有学生单独表演，也有师生合作表演。

怡园小学自从开展经典诵读活动以来，一直坚定不移地抓好这项工作。经典诵读，不仅是学生的课程，而且全体教师也要参与其中。学校经常深入有效地开展不同形式的活动，并及时做成果的展示和诵读的评价。学校定期组织专人进行诵读检查，使中华经典诵读活动成为怡园小学的一项特色。

诵读一是激发了学生诵读经典的兴趣，形成了良好的诵读氛围。二是开拓了学生的视野，学生知道了不少幕后故事、文坛逸事，他们了解的诗人多了，了解的历史事件也多了。三是学生初步掌握了诵读方法，并把这些运用到自己的作文中。四是锻炼了学生各方面的能力，经典诵读伴随着手抄报比赛、书法比赛等活动，学生的艺术鉴赏力、动手能力、思维能力等都得到了锻炼。最重要的是，学生在诵读中找到了学习的乐趣。

余秋雨曾说过：在孩子们还不具备充分理解古诗文经典的能力时，就把经典交给他们，乍一看莽撞，实际上是文明传承的绝佳措施。幼小的心灵纯净空阔，由经典奠基可以激发他们一生对文化的向往。

3. 课外阅读，增长知识

为了让学生在快乐学习中有所进益，怡园小学实行“双轨”教学机制。双轨，顾名思义是双管齐下，将课内与课外相结合，两者并行互补，在课内和课外间架起连通知识的桥梁。

怡园小学的刘玲萍老师带的是六年级的学生。这群毕业班的学生，在语文学习上遇到了阅读和写作两个瓶颈。不知道写什么，不知道该如何写，语文成绩得不到提高，学生们学得很痛苦，几乎对语文学习要失去兴趣了。

刘玲萍老师犯难了。课堂上学习的时间有限，只能向课外要方法。课外书是要读的，但是什么样的书适合六年级的孩子读，并且能提高他们的语文成绩呢？刘老师在阅览室踱步，一个架子一个架子地看，外国小说、古诗集、现当代作品……书海何其浩瀚，但找一本合适的书却很难。

选中国古典名著，虽然是经典名片，但篇幅长不易懂，六年级的学生即便读了也是囫囵吞枣、作用不明显；古诗虽然篇幅不长，但古人的语言不同于现代汉语，小学生的写作未必能将其运用其中，内化为自己的东西；外国小说就更不用说了，一本本多是大部头，《茶花女》《老人与海》《基督山伯爵》，学生们哪有时间读完这些故事？

在刘老师冥思苦想之际，她的目光落在了桌上的《读者》上。《读者》是刘老师经常翻阅的杂志，内容不多，很快就能看完，里面的故事很贴近生活，读起来也不乏味。不少家长等孩子放学时，也会随手翻翻《读者》。

刘老师脑海里冒出一个念头，用《读者》作为课外指导书如何？以某篇文章为案例，教师能更好地讲解，学生也容易懂，而且不会占用太多的时间。

纸上谈兵未可知，不如付诸实践。仔细研究过语文新大纲后，刘老师开始摸索一条符合课外阅读和有效路径。

刘老师先是让学生们把 2010 年的《读者》都买回来，除了在周五的语文课进行阅读指导之外，她还要求学生每周与家长共同阅读一本《读者》，并通过校讯通向家长和学生推荐阅读的篇目，在课堂上再次交流和探讨。

刘老师知道不少学生看书时浅尝即止，虽然读了，但却无所收获。为了教会学生正确的阅读方法，刘老师以《读者》的一篇文章《母亲是游子的故乡》为例，告诉学生看这篇文章，首先要想想这篇文章讲的是什么，我们想从中读到什么。

只思考还不够，好记性不如烂笔头，刘老师让学生在读的时候做笔记，鼓励他们填满书的空白处。刘老师拿来一本《毛泽东评点二十四史》，告诉学生们，点评可以是几个字，也可以是一段话，可以是一篇文章，也可以是简短的几句话，总之只要是自己所感，就可以写在书页旁，不懂的地方也可以用符号标注出来。

除了阅读《读者》，课本中“课外书屋”的推荐书目也是学生必读的书目。国外老师常常安排每个学生上台作 presentation(介绍、报告)，学生有时要制作 PPT 并讲解，课前要花很多精力去准备，讲完之后他会对那部分内容的印象会十分深刻。

借鉴这个办法，刘老师抽出每节课开始前的三分钟，让学生轮流上台作 presentation，推荐自己在课外读到的好文章，并说出推荐的理由，与大家分享。学生们一开始有点怯场，但随着阅读量的增加，他们就慢慢地喜欢上了这种方式，常常积极地向其他同学推荐自己读到的好书好文章。课外阅读加上小演讲，学生的语文水平提高了很多。班级角里的图书，几乎每隔一周就更新一次。

现在刘老师班的学生养成了一个习惯：书包里时刻装着一本《读者》，早上、中午到校后他们都可以看，课堂上完成规定的作业后也可以看。学生们因阅读而有获得感，因有获得感而有分享欲，因有分享欲而继续阅读。在这样的良性循环中，学生们感受到了“书中自有黄金屋”的魔性力量，更体会到了阅读与进步的乐趣。

在课外阅读方面，陈素彬副校长做了关于“小学生课外阅读实验”的研究，耗时三年，提出了许多具体措施，如确立课外阅读指导课的类型、确立课外阅读的内容、各种类型的读书活动、课外阅读能力及习惯的评价方法和读写的结合，形成了一套完整的课外阅读体系。

在阅读指导课方面，学校设立了读物推荐课、读书方法指导课、读后叙述课、交流评论课和读书笔记辅导课。从读书推荐开始，由教师推荐和学生推荐相结合，选择合适的书目，再由教师引导学生使用工具书，讲授精读、泛读、浏览和速读四种常用的阅读方法，并教给学生运用“意群注视法”提高阅读速度，培养学生“不动笔墨不读书”的习惯。

在读完之后，组织学生复述自己读过的内容，理解消化读到的内容，最后学生之间交流互动。针对中高年级，教师还会增加一些专题评论和写读书笔记的任务。

在不同的年级，开展不同形式的读书活动，一年级开展读《西游记》讲故事比赛和人物绘画比赛，还有围绕读动植物类书籍展开的系列活动，如制作叶脉书签和撰写观察日记。二年级的学生读的是《格林童话》，围绕这一主题进行手抄报设计比赛，让学生们充分发挥想象力，制作各种活泼有趣的手抄报。三年级的学生是诗文朗诵比赛，结合课文单元训练，提高学生的表达能力……

让学生形成良好的阅读习惯，不仅需要学校的训练，而且需要家长的配合。因此，课外阅读的评价体系是由家长参与的评价，并以表格的规范形式，每天交给教师盖章，家长每月总结学生的阅读情况，学生对自己作评价。

课外阅读的最终落脚点是把读与写相结合，学生的写作离不开大量的阅读。一年级学生每周写一篇小日记，不仅可以鼓励学生多认字，而且也减轻了课堂的识字压力。很多学生一开始写的是拼音短文，经过阅读之后，能写出像模像样的小短文。

《义务教育语文课程标准(2011年版)》提出，九年课外阅读总量应在400万字以上，小学阶段的课外阅读总量不少于145万字。同时指出，培养学生广泛的阅读兴趣，扩大阅读面，增加阅读量，提高阅读品位。提倡少做题，多读书，好读书，读好书，读整本的书……鼓励学生自主选择优秀的阅读材料。在课外阅读体系的推进下，怡园小学大部分学生的阅读量远远超出了新课标要求的阅读量，有些家长说孩子很爱看书，一天不读课外书都不行。学生们的读书热情高涨，随着年龄的增长，他们在选择书目时会更加自主化、更有个性，对他们的引导也就更加重要。

2017年4月26日，北京师范大学“中国儿童阅读提升计划”项目组专家在广州市黄埔区教育研究中心书记焦非非和冯迪鸿老师的陪同下莅

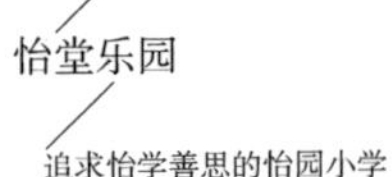

临怡园小学进行调研，参观了图书馆、阅览室等，并与校长袁超、副校长陈素彬、教导主任杨雪柏、语文科组组长、语文教师代表进行了座谈。随后，在会议室里，怡园小学负责人介绍了本校课外阅读的开展情况。同时，专家们认真听取了参与座谈会教师的课外阅读教学实践及其遇到的困惑并及时给予了指导意见和建议。

当天下午，参与此项目的16所学校的代表以及教育局相关领导齐聚怡园小学电教室听取了专家们的调研反馈。区教育研究中心曹利娟老师主持了会议。项目负责人北京师范大学国内合作办公室教育资源中心副主任、儿童阅读提升计划项目负责人周思先为教师们介绍了此项日的实施情况。随后，北京师范大学国内合作办公室儿童阅读研究中心主任、鲁迅文学奖获得者谭旭东为教师们做了开展课外阅读之重要性的专题讲座。北京师范大学“中国儿童阅读提升计划”项目专家方麟针对大家在调研中提出的问题做了系统详细的解答。最后北京师范大学“中国儿童阅读提升计划”项目核心专家、北京师范大学亚太实验学校副校长白玉玲结合自己学校在课外阅读文化建构的经验为大家带来了讲座“阅读的那些事儿”。

北京师范大学儿童阅读项目黄埔区调研反馈交流会

相信在专家的引领下，怡园小学的阅读文化必将日渐浓厚，怡园小学的教师将更有效地指导课外阅读活动，提高阅读课的教学水平。同时，项目的开展和推进也能更好地激发学生的阅读积极性。

4. 第二课堂，激发兴趣

第二课堂是相对课堂教学而言的。如果说依据教材及教学大纲，在规定的教学时间里进行的课堂教学活动被称为第一课堂的话，那么第二课堂就是指在第一课堂外的时间进行的与第一课堂相关的教学活动。从教学内容上看，它源于教材又不限于教材；它无需考试，但又是素质教育不可缺少的部分。从形式上看，它生动活泼、丰富多彩。学习空间范围非常大：可以在教室，也可以在操场；可以在学校，也可以在社会、家庭中开展。

怡园小学把第二课堂作为开展“素质教育”的重要途径，并将其纳入了教学常规管理的范畴，并确定了以“怡”文化为特色，立志培养具有“黄埔精神、家国情怀、国际视野”的“怡美”少年！

首先，科学安排第二课堂的内容和形式。第二课堂内容丰富、形式多样、方法生动活泼。学生的兴趣、爱好、个性和特长不同，决定了第二课堂活动的内容丰富多彩，形式多种多样。学校根据学生的特点，确定了丰富的活动内容，有以增长社会科学、自然科学知识为主要内容的活动；有侧重学生动手能力和劳动技能的活动；有以提高阅读写作能力、数学能力为主的活动；有以提高身体素质和运动水平为目的的活动；有以提高音乐、舞蹈、书法技艺、绘画能力为目的的活动等。所有这些，都是培养德、智、体、美、劳全面发展的人才所必需的。

其次，确保第二课堂的时间。学生的素质和天资只有在他参与自己选择的兴趣活动时，才得以发展。我们规定，每周一下午第二节是第二课堂活动时间，任何教师均不得挪作他用。此外，近几年来我们一直注重技能、技巧的考核。具体做法是学生交一件或几件作品，或演奏一首乐曲，或唱一首歌等。

第二课堂的开展使大多数学生初步掌握了一门或几门特长，为所有学生提供了自我表现的机会，以有利于后进生的转化；第二课堂又是德育阵地，为德育提供了尽可能多的有利条件；第二课堂为学生提供了发挥自己才能的场所，有利于发展学生的特长；第二课堂从激发学生的兴趣入手，吸引了更多的学生参加，有利于家长端正对第二课堂的认识。

为了更好地了解怡园小学的第二课堂，接下来我们来看一个第二课堂的教学设计。

“24点游戏”课程纲要

课程名称：24点游戏

上课教师：米成双

上课对象：四年级学生

一、课程概述

24点游戏是一个传统的算术游戏，通过加减乘除运算，将给定的多个整数算出24。由于24的因数多，解的形式丰富多样，因此它能充分考验游戏者的反应速度与计算能力。游戏始于何年何月已无从考究，通常通过扑克牌来完成，简单易学，具有娱乐和健脑益智的功能，深受大众的欢迎。

24点游戏内容如下：一副牌中抽去大小王剩下52张，任意抽取四张牌(称牌组)，用加、减、乘、除法(可加括号)把牌面上的数算成24，每张牌必须用且只能用一次，A、J、Q、K分别对应1、11、12、13。(注：小学四年级的学生还没有学习乘方等运算，所以我们限定只能用加减乘除四则运算。)游戏的分组可以根据具体情况而定，通常每四人为一个小组。

数学学习相对枯燥，难度较大，所以学生容易对数学产生畏惧与厌学心理，这给学生的数学学习带来一定的阻力，24点游戏能使学生寓学于乐。

本课程的理念是：从兴趣入手，改变数学学习中枯燥的技巧训练。24点游戏丰富多样的变换能提高学生的计算能力与运算技巧，激发学生学习数学的兴趣。

二、课程目标

①通过练习总结归纳24点游戏的常用方法。

②以数学游戏为载体，调动学生眼、脑、手、口等多种感官的协调活动，培养学生的计算能力和反应速度。

③在教学过程中，培养学生的数字感和符号感，提高学生对四则混合运算的驾驭能力，激发学生学习数学的兴趣。

三、课程内容

24点游戏是以计算为基础的算术游戏，要想赢得游戏，既需要较强的计算能力，也需要适当的方法。计算能力与解题方法都需要学生在练习中获得，特别是解题方法，需要学生对练习中的数组认真观察、分类，并归纳总结出方法，将得到的方法在同学之间、小组之间进行比较，选择最好的方法。24点游戏课程始终遵循以教师为主导以学生为主体的教学理念。我们把课程分为三个模块。一是练习篇，进行大量的练习，让学生积累直接的解题经验。二是总结篇，根据数组特点分类，归纳总结出各类数组的解题方法。三是比赛篇，将所得的解题方法以及经验应用到比赛中，寻求学习的乐趣，也进一步巩固知识与技能。

模块1：练习篇(第1～4课时)

在进行练习之前还需要对学生分组，每组四人，并介绍游戏规则。为了增加练习的乐趣，可以采取不同的练习方式，并且进行积分。一是抢答的形式，最快得出解者获得积分，又可以以单人或者小组为单位。二是限定时间，在规定时间内根据得出解的个数获得积分，也可以以单人或者小组为单位。

模块2：总结篇(第5～10课时)

在练习中学生除了得出答案，还要对数组进行观察，根据数组的特点选择适当的方法。然后归纳并总结这些解决方法，通过小组内部以及小组间的讨论得出最好的方法。

类型1：“3×8”求解，数组中含有3(或8)，我们可以设法通过其他数计算出8(或3)，再相乘得出24。例如，3、3、5、6中含有3，可以通过 5+6-3 得出 8，这样就可以得出 3×(5+6-3)=24。

类型 2："4×6"求解，数组中含有 4(或 6)，我们可以设法通过其他数计算出 6(或 4)，再相乘得出 24。例如，2、5、6、7 中含有 6，可以通过 7-5+2 得出 4，这样就可以得出 6×(7-5+2)=24。如果数组中同时含有两种类型的数字，那么两种方法都可以尝试，例如，3、3、5、6 中也含有 6，可以通过 5-3÷3 得出 4，这样就可以得出 6×(5-3÷3)=24。

类型 3："2×12"求解，数组中含有 2，并且其他数字较大，也可以考虑 48÷2 等。

类型 4：含有连续的数，出现连续的数时，两个连续的数通过相减可以得出 1，1 既可以通过加减凑 2、3、4、6、8 等数，也可以利用乘除法，相当于不参与计算。例如，1、9、10、12 中有 9、10 是连续的数，10-9=1，这样就可以得出(10-9+1)×12=24。2、9、10、12 中通过 10-9 得出 1，这样就可以得出 2×12×(10-9)=24。

类型 5：含有相同的数，出现相同的数时，两个相同的数通过相减可以得出 0，相当于不参与计算，也可以通过除法得出 1，1 的作用在类型 4 中已经介绍过了。例如，3、13、13、8 可以得出(13-13+3)×8=24，也可以得出(13-13)+3×8=24。

24 点游戏中的数组是丰富多样的，以上例子只是其中比较典型的一部分，还有很多数组甚至无法得出 24 点，我们既需要懂得其中的一些技巧、具有较强的计算能力，也需要通过大量的练习，获得更多的经验。

模块 3：比赛篇(第 11～13 课时)

个人赛：抢答的形式，抢到答题权后，5 秒内必须作答，未作答视为答错，答对一题加 5 分，答错扣 3 分。数组不能得出 24 点的，说出无解算对。

小组赛：以小组为单位，在限定时间内，写出一个解得 5 分，写错不扣分，数组无解时，写出无解算对。

个人赛通过网上的 24 点小游戏出题，共 40 道，分数多者获胜，对前五名进行奖励。小组赛以试卷的形式进行，共 20 道题，小组内成员可以交流商讨，按照分数对小组进行排名，所有小组均获奖励。

奖励仪式：根据排名进行奖励，并颁发奖状。

四、课程实施

在课程实施之前做好计划与准备，规划好课程内容及课程安排，准备好教学用的PPT课件等。

(一)课程资源

基本资源：扑克牌，PPT课件，练习题，网上24点小游戏。

场地资源：四(8)班教室。

(二)实施方法

第一，把学生分成五个小组，在学习中，一个小组就是一个学习共同体，小组成员相互帮助，让他们共同学习与进步。小组之间是竞争关系，相互促进学习。

第二，分阶段学习，第一阶段主要是练习，给出学生练习要求，让学生在练习中观察并思考，发现一些数组的特点并归纳其解题方法，获取更多的解题经验，增强学生的计算能力。第二阶段以学生归纳总结、交流汇报为主，将练习中的发现进行归纳总结，先在小组内部讨论，然后小组进行汇报，最后讨论、比较得出相关数组最好的解题方法。

第三，在学习过程中，给学生思考及展示自己的时间与机会，使所有学生参与到学习中来，既给学生紧张感，也让学生体验学习的乐趣。

五、课程评价

①举行24点游戏比赛，通过比赛激发学生的参与意识。

②将活动推广到家庭中，让学生教会家长，然后进行家庭比赛，有条件的可以组织几个家庭同时进行比赛。

(三)科学艺术齐争艳

为了进一步培养少年儿童的科技创新意识和求知探索意识，展示他们的想象力和科技创新能力，增强少先队员的主人翁意识，怡园小学坚持开展科技创新系列活动。首先是参加市区各项科技创新大赛，其次是我校每年举办一次的科艺节活动。例如，我校组织学生以及家长一同参与“动手动脑模型亲子大赛”，培养学生的创新意识和动手能力。这项活动成为我校活动的一个亮点。此外，在科艺节上，还会呈现学生撰写的科普小论文、小发明创作、科学小调查，等等。

在艺术方面有小歌王争霸赛、李斯特器乐大赛、语言艺术大赛、书法绘画大赛，等等。学校现有丫丫艺术团，艺术团内有舞蹈队、合唱队、管乐队等，多样的艺术团队活跃了校园的舞台。怡园小学的很多学生都有艺术特长，他们在提高个人素养的同时，也愉悦了身心。

1. 欢乐科艺节，模型创新多

2016年6月9日下午，怡园小学的校园里欢声雷动，掌声如潮。为丰富学校科艺节，激发学生动手制作的兴趣，提高学生的观察分析、创作构思、动手制作能力以及团队合作能力，怡园小学与广州奥诺科技有限公司联合举办了亲子拼装模型创新大赛。

活动以家庭为单位，随机抽取运用曲轴连杆的模型材料，并现场制作。紧张、活泼、热烈的比赛，激发了学生动手实践的愿望，增强了他们对科技知识的认识和感受，培养了他们的创新精神和实践能力。在提高学生科学素质、促进家庭亲情融通的同时，也提升了家庭、社会对科学知识的重视。

亲子拼装模型创新大赛

2. 神奇午休椅，呵护孩子梦

2015 年 3 月，怡园小学六年级学生彭嘉楠针对学生在学校午休没床位，学生趴在课桌午睡太累，不利于学生身体健康的问题，设计了一款可用作午休的学生椅。经过他的仔细观察和精心琢磨，他将设计思路用铅笔画出来，写清楚了关键节点和设计思路，把图纸及一些废旧的课桌椅带到加工厂，找专业师傅帮助裁料、焊接、制作。功夫不负有心人，终于可作午休的学生椅做成了。经过多人的尝试与实践，证明了设计的有效性和实用性。

该作品经测试，可作正常上课桌椅使用，也可作午休床使用，效果良好，正适合当今形势的要求。作品主要的创新点在于以下两点。①给学生午休提供了便利，本品简单易用，成功解决了学生午休辅助设备的问题，提高了在校学生的午休质量，提高下午上课的质量，同时可以适度矫正学生在午休时的坐姿、睡姿，有利于学生正常发育。②给学生减轻书包负担。一些不急用的书本、练习册、作业，可以放在椅子的下层架上，不用每天背回家。

2015 年 3 月 27 日，第 30 届广东省青少年科技创新大赛拉开帷幕。在大赛上，彭嘉楠经过“封闭问辩”“公开展示”等环节向评委专家们详细地介绍自己发明的作品。最后，该作品脱颖而出，分别荣获专利申请奖、广东实验中学校长创新奖以及第 30 届广东省青少年科技创新大赛二等奖的好成绩。

彭嘉楠同学

3. 组建管乐团，艰辛学艺路

2016 年 6 月，怡园小学东校区的管乐团历尽各种艰辛，终于正式成立了！

在这个艺术摇篮里，汇聚了学校各个年级对音乐充满兴趣又具有天赋的学生。刚入团时，陈依辰的个子不高，但在选乐器的时候，她偏偏对大号产生了兴趣。每当管乐团排练的时候，她都扛着大号跑上跑下，她始终没有抱怨，因为她要追逐自己的梦想，成为一名合格的大号手！参加市赛的前几天，陈依辰下楼时不小心把脚踝扭伤了。大赛临近，排练课出现了一个画面：同学帮她搬乐器、帮她找小凳子架起肿着的脚踝。当大家知道获得了全市第三名的成绩时，整个管乐团沸腾了！

三年级的陈子妍听说学校要组建管乐团，在对管乐器进行了解后，她认为长笛是管乐王国里优雅的公主，于是她选择了长笛。第一节课学习组装长笛，她当时兴奋极了！但是到了真正练习基本功的时候，拿着长笛摆出吹奏的姿势保持 10 分钟，她的臂力不够，手都累得发抖。功夫不负有心人，每天的坚持练习帮助陈子妍晋级到了比赛团。

在学习长笛的过程中，陈子妍也曾遇到过挫折，在区初赛前三个月的团内考核中，由于吹奏的节奏不够稳定，陈子妍被表演团淘汰。当时她觉得没什么大不了的。可看到同学高高兴兴地去上课，自己却不能加入，她感觉到了一丝后悔。于是陈子妍勤加练习，在管乐老师的指导和帮助下，加强了节奏方面的练习，最终她通过考核回到了比赛团。

2017 年 9 月 21 日，怡园小学东校区管乐团获得了黄埔区羊城美育节中小学生器乐初赛一等奖；10 月 25 日参加广州市决赛获得了市一等奖第三名。能取得如此优异的成绩，离不开乐团老师及学生们的辛勤付出与努力。学生常问老师："我们什么时候可以参加省赛、全国赛啊？"就是这样一个团结奋战的管乐团，哪怕是去为国争光，也不是一件遥远的事情啊！

东校区管乐团

西校区管乐团

4. 男童合唱团，风雨彩虹路

怡园小学始终注重对学生的艺术熏陶。自建校以来，学校合唱团在校园艺术文化生活中扮演着重要的角色，而且有着积极的传承与发展。2014 年 3 月，怡园小学男童合唱团创建，由三至六年级的 46 位男生组成，其中最小的只有 8 岁，这是黄埔区第一支男童合唱团。在学校的大力支持及音乐科组莫清瑶老师等的培养与坚持下，几年来这支队伍参加了各级各类很多演出活动，在 2016 年黄埔区中小学生艺术大赛合唱专场中荣获特等奖，在广州市第十三届学校合唱节比赛中荣获一等奖。

2017 年 7 月 12 日，对怡园小学男童合唱团来说是个具有特殊意义的日子，因为他们将出发去新加坡参加新加坡第四届国际合唱节比赛。为了这次的国际赛事，他们更是集中培训、全情投入。在合唱团中有一个小男孩，他唱得不是很好，为此，莫老师还单独指导过他，但还是没有达到很好的效果。一天早上，莫老师早早地来到学校，当她走进学校旁边的一家面包店时，她突然看到了一个熟悉的身影，背对着她，哼唱着曲谱，那一刻，莫老师被深深地感动了。功夫不负有心人，在新加坡的五天里，学生们不仅感受了在顶尖的演出场地比赛的美妙，而且还参与了国际合唱工作坊，获得美国音乐教授的亲自指导；不仅拥有与来自新加坡、中国香港等地优秀合唱团近距离交流的机会，而且还欣赏了木

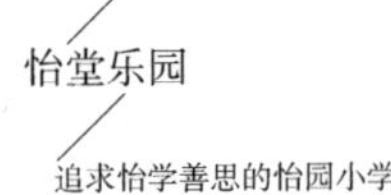

楼合唱团的音乐会，并和他们一同参加了户外演出；不仅领略了声音的美妙变换，而且还体验了新加坡的风土人情。

这次游学之旅，男童合唱团获得了新加坡第四届国际合唱节比赛银奖，载誉归来，莫老师和这群可爱的男生无不感到欢乐。

男童合唱团参加新加坡国际合唱节 1

男童合唱团参加新加坡国际合唱节 2

(四)体育运动健身心

为了认真贯彻教育部、国家体育总局、共青团中央《关于开展全国亿万学生阳光体育活动的通知》文件精神，积极开展全国亿万学生集体锻炼一小时的活动，吸引学生们走向操场、走进大自然、走到阳光下，积极参加体育锻炼，怡园小学结合实际情况，每月都安排一系列体育比赛或活动。

这些体育活动可以让学生们更好地体验体育的乐趣，提高运动能力，扩大交际范围，缓解学习压力，达到健美体魄、增强体质的目的，同时在团队活动中能够强化学生的团队精神，让他们更加热爱生命。

1. 显怡小风采，做阳光少年

让学生在各项竞赛中展现自己的才能。怡园小学每年都要开展形式多样的运动会，近年来更是把“亲子家庭运动会”“校内游泳精英赛”列入校运会当中，其主要目的是面向全体学生和家长，让他们感受自身的价值，树立自信心，感受体育带给他们的欢乐，从而增强他们的集体意识和团结合作精神。在各项比赛活动的时间安排上，基本上做到全年有活动，每月有比赛，并且在各种竞赛的内容上有创新，激发学生的兴趣，使学生的参与率达到 100％。

2015 年 4 月 14 日，怡园小学在东、西校区隆重举行了该年度的广播操比赛。以班级为单位参赛，以年级为单位进行评比。一、二年级的比赛项目是“七彩阳光”，三、四、五、六年级的比赛项目是“希望风帆”。

比赛中，学生们精神饱满，动作整齐，齐心协力为班集体争取荣誉，表现得非常团结。最终西校区一(4)、二(3)、三(3)、四(2)、五(6)、六(5)班，东校区一(2)、二(4)、三(4)、四(2)班以精心的班级组织，良好的精神风貌，完美的体操动作勇夺广播操比赛的校区各年级的冠军。

广播操比赛让学生充分认识到：做操时的正确身体姿态不仅能带来最佳的锻炼效果，而且更能使人身心愉悦。希望学生们通过这次比赛能够更加认真地对待课间操，进一步加强自己的班集体荣誉感；积极锻炼身体，拥有强健的体魄，争做阳光少年。

广播体操比赛 1

广播体操比赛 2

2. 快乐大课间，精彩三十分

怡园小学充分利用大课间来提高学生的身体素质。怡园小学的大课间活动形式多样，编排出了不同的内容，如自编舞蹈、自编健身操、武术操、放松操等活动。学生们的大课间活动多达十几种，这既激发了学生的运动兴趣，又使他们锻炼了身体，真正践行着“每天锻炼一小时，健康生活一辈子”的理念。

当大课间的音乐在学生耳边响起时，操场便成了欢乐的海洋。欢腾的操场上，有的同学在跳绳，绳子在空中划出一道道弧线；有的同学在打篮球，篮球不停地在地板与他们的手掌间跳跃；有的同学在踢毽子，他们扭动着身躯，毽子围着身子跃动……整个操场散发着勃勃朝气。

大课间给平时不爱运动的同学一个与体育亲密接触的机会，给平时没有时间娱乐的同学一个尽情欢乐的机会，也给校园带来欢乐，带来朝气。

2018 年 10 月怡园小学东校区大课间活动荣获区大课间评比一等奖第一名，并代表黄埔区参加全市展示，将近 400 个孩子在天河区汇景中学展现了怡美少年的风采。同学们巧妙运用瑜伽垫、绳梯和小栏架等训练器材，以简单实效的分组循环为训练方法，科学设置训练内容，同时在训练中加入动感音乐，在音乐的熏陶下进行美的享受。活动充分调动了学生的学习兴趣，有效提高了学生的稳定性、灵敏性、弹跳力、协调力等身体素质，充分体现学校“怡身怡心，至善至美”的办学理念。

丰富多彩的体育大课间项目 1

丰富多彩的体育大课间项目 2

3. 足球进校园，助学生成长

怡园小学成立了各种体育运动训练队，如足球队、羽毛球队、篮球队、跳绳组、毽球组、轮滑组等。其中，足球队尤其突出。足球运动深受学生喜爱，并有利于提高学生的身体素质。在调查中发现，绝大多数的学生喜欢足球，因此怡园小学抓住了这个契机，广泛地在学生中开展以足球为题材的各种活动。每天放学后，操场上都有足球队员的身影。学校还组织学生参加教育局每年举办的足球比赛，均取得良好的成绩，U10 足球队在 2016 年黄埔区小学生足球精英赛中获第三名，U12 足球队在 2016 年黄埔区小学生足球精英赛获第四名，U10 足球队在 2017 年黄埔区小学生足球联赛获第四名，U12 足球队在 2017 年黄埔区小学生足球联赛获第三名，U10 足球队在 2017 年黄埔区小学生足球精英赛获第六名，U12 足球队在 2017 年黄埔区小学生足球联赛获第六名。U12 足球队取得广州市第二届富力杯中小学足球比赛 16 强和广州市第三届富力杯中小学足球比赛 12 名。

怡园小学足球队 1

怡园小学足球队 2

4. 精彩校运会，运动你我他

校运会是学校每年的体育盛事，展现学校师生精神风貌的同时，也培养了学生的体育竞技精神。在运动场上，你会看到拼搏、团结、奋进的学生在运动场上挥洒汗水，收获喜悦。

校园盛事师生共庆，秋日阳光温暖人心。2017 年 11 月 30 日，怡园小学的师生以满腔的热情、饱满的精神状态，在黄埔区体育中心隆重举行 2017 年黄埔区怡园小学第二十七届“我为黄马助威”田径运动会！

开幕式上，伴随着《运动员进行曲》激昂的旋律，各年级学生代表队伍以整齐的方阵在国旗队、鲜花队和彩旗队的引领下，昂首步入会场，队形变换独具一格，精彩表演极富特色。护旗手们个个精神抖擞，威严庄重。校旗队的小旗手们，同样步伐矫健，稳步前行，彰显着怡园小学朝气蓬勃、意气风发、勇往直前的精神风貌！

赛场上，学生们勇敢拼搏，目光中透露着坚定。炙热的阳光洒在红色的跑道上，发令员的标枪好似冲锋的号角，运动员们犹如一支支离弦的箭，向目标飞去。汗水是一份荣光，速度是一种嘉奖。“怡小”学子们展现了活力向上的风貌，教师们也一展风姿。教师组的接力比赛更是掀起了全场欢呼的热潮！

精彩的运动会持续了一天，全校师生的热情依旧不减。学生屡创佳绩，这背后少不了家长志愿者、裁判员、播音员、医务教师，还有啦啦队员们的辛劳，他们的身影遍布在操场的每个角落。

身着橙色马甲的家长志愿者们的身影就是一道靓丽的风景线。他们认真地帮忙维护赛场的秩序，保持场地的卫生，一次次不厌其烦地弯腰低头、加油呐喊汇成了一点一点的正能量。班级大本营里，一双双稚嫩的小手写下一封封给参赛选手的鼓励信，努力地为选手加油助威……构成了一幅幅精彩动人的画面。

比赛虽然结束了，但学生们说：“尽我所能，永不放弃。”诚如“怡小”大家庭的每个成员身体力行，乐于彰显“怡心怡身，至善至美”的校风。学生们用丰富的想象力尽情地展现着自己的青春和活力，表达对学校未来的美好祝福。青春的脚步，快如金秋之风；绽放的笑容，灿若春晓之花！

"我为黄马助威"怡园小学第 27 届田径运动会在

黄埔体育中心隆重举行 1

"我为黄马助威"怡园小学第 27 届田径运动会在

黄埔体育中心隆重举行 2

(五)怡园学子行天下

1. 国际交流，开阔视野

1983 年，邓小平为景山学校题词"教育要面向现代化，面向世界，面向未来"。这"三个面向"的铜字，在东、西校区的文化墙上一直闪闪发光。多年来，学校接待来自世界各国的友人，同时学校也从 2014 年起，每年寒假或者暑假，都组织学生前往澳大利亚和英国游学。国际交流对拓宽学生的国际化视野、提高个人竞争力和充分实现个人价值，促进学校的全面健康发展都有着十分重要的意义。

2014 年 11 月 6 日，瑞典哥德堡市教育代表团一行七人，在黄埔区教育局局长张灿华、副局长杨秀兰、外事办包小敏等的陪同下，到怡园小学东校区参观交流。

崔景华校长向瑞典友人赠送学生书法作品

“有朋自远方来，不亦乐乎!”上午 9:00 瑞典教育代表团一行在崔校长的带领下开启了校园书香之旅。

阅读启航——代表团参观了校图书馆、年级公共图书角以及各具特色的班级图书角。他们不禁赞叹，学生们有如此充分的阅读资源与阅读空间。

瑞典友人参观东校区图书馆

快乐为本——伴着绵绵细雨，全校师生在课室跳起了室内操，来宾们看着学生快乐运动的身影，纷纷与学生们一起跳起来。虽然受天气限制不能到室外活动，但大家运动的热情不减、活力不减、快乐不减。下课后学生们更是拉起来宾的手热情地与他们交流，虽然三年级的学生所学的英语词汇量有限，但他们也尽其所能地欢迎远方的朋友。来宾们被学生们的热情融化，为学生们的快乐叫好。

瑞典友人与学生进行亲切交谈 1

瑞典友人与学生进行亲切交谈 2

古韵之美——看着校园里随处可见的书画作品，代表团走进了学生们的书法课、剪纸课。看着七至九岁的学生有如此精湛的笔法，代表团惊叹不已，纷纷拿起笔学写中国的毛笔字，伴着淡淡墨香，古韵之美浸润心田。随后来宾们与学生们一起学起了中国传统的剪纸，大小“学生”互赠了自己的作品，一抹抹中国红令人难忘。

瑞典友人体验书法课程

瑞典友人体验剪纸课程

带着学生们的心意代表团走进了琴声悠扬的古筝组，了解了中国的古典乐器——古筝，欣赏完师生合奏的《平湖秋月》，代表团也尝试着拨弄琴弦，意犹未尽。接着，校武术队以一套《男儿当自强》表演赢得了代表团阵阵掌声。

瑞典友人体验古筝课程 1

瑞典友人体验古筝课程 2

瑞典友人与学生合影

瑞典友人与教师合影

在国际交流中，丰富多彩的文化活动激发了学生的兴趣，促使学生乐于了解其他文化的优点。学生在体验和理解的基础上，审视了不同文化下的风俗习惯和思维模式，更有利于学生在学会继承本民族优良传统的基础上学习外国文化中的精华。同时，学生与不同文化背景的人交往，学习从对方的角度理解他人，养成对不同文化兼容并蓄的开放心态。

2015年7月21日，怡园小学33名学生在三位教师的带领下来到了英国克利夫顿学院，与来自15个国家的学生一起参加了为期15天的夏令营，感受英式教育文化、美丽的古堡校园，增进与世界各地同龄人的交流与友谊。

克里夫顿学院成立于1862年，位于英格兰布里斯托市，是英国历史悠久的私立贵族学校，曾有三位毕业生获得诺贝尔奖，自1990年以来，连续每年有20名以上的学生考入牛津大学、剑桥大学。

这次英国行的欢乐、友谊与思考让学生们铭记在心。上午有丰富多彩的课外活动，下午有针对英语交际能力的英文课程，晚上有各种娱乐活动，很多活动都是同学们以前没有接触过的，如好玩又刺激的英式扔球Dodge ball，提升动手能力的搭桥Bridge Building课程，与猫头鹰零距离接触，整个营地一起参赛的趣味运动会，晚上的鬼故事会、深海迪斯科、才艺表演晚会，等等。

在学习之余，学生们还游览了英国著名景点，包括大本钟、英国国家历史博物馆、伦敦眼、布里斯托博物馆和美术馆、巨石阵、哈利波特主题乐园。英国浓厚的文化和悠久的历史深深地吸引了同学们，让他们真实地感受到了英伦风情。

15天的英国游学夏令营，让学生们收获满满！其中一名学生说："英国之旅不仅让我收获了知识，而且还收获了欢乐和友谊。"这正是怡园小学举办游学夏令营的宗旨，游学使学生身入其中，面对不同的人，不同的文化习俗，不同的风景，不同的视野，直观体验——所有这些将积淀在他们的人生当中，成为他们成长过程中美好的记忆，成为滋养促使他们感悟生活、提高学习力的宝贵"养分"。

2. 怡行天下，至知至行

怡园小学以"怡养正气，园育英才"为校训，推崇养正教育为幸福奠基，培育正气英才为国家社会争光！为践行"乐学善学，至知至行"的学风，怡园小学"怡美课程"又添新项目——研学活动。

2017年6月22日，东、西校区的六年级300多名毕业生分赴西安

学生们在英国校园里体验异国文化 1

学生们在英国校园里体验异国文化 2

和井冈山，毕业研学活动丰富多彩，给大家留下难忘的宝贵记忆；6 月 29 日，五年级 40 名学生组成“怡园少年，智行天下”团队，赴湖南、湖北研学旅行，沿着岳阳、赤壁、荆州、洪泽一路走来，精彩不断；7 月中旬，四年级 50 多名同学组成国旗仪仗队，赴北京营训，神采飞扬，壮心激荡，当然经历多多，收获满满。

2017 年 6 月 22 日清晨，怡园小学西校区六年级 210 名毕业生身着鲜红的衣服，整齐有序地坐上大巴、登上高铁，开启研学第一天的旅程——参观炎帝神农氏的安息处，学生安静有序，认真听讲解员的介绍，被炎黄神话故事吸引，了解几千年前黄河、长江流域文化起源及炎黄子孙称呼的由来，学生对悠久的中华历史表现出浓厚的兴趣。

研学第二天，学生们乘车来到风景优美，气候宜人，有着“革命摇篮”之称的井冈山，通过拓展亲身感受：走一段红军路，学一首红军歌，吃一顿红军餐，献一份思源情。在拓展活动中，两百多名学生分成四个团队，团结一致完成任务，克服困难展现集体智慧，嘹亮而振奋人心的革命歌曲：《红星闪闪》《黄河颂》……回荡在山林间。一个上午的训练，他们的衣服湿透了，但谁都没有退缩，经过拓展，学生的集体意识明显增强，集队安静而快速。学生也自发感悟，或写或画记下难忘的拓展活动。

下午，学生们顾不上上午拓展的辛苦，便赶往井冈山革命历史博物馆通过阅读文字、观看图片、耳听讲解等，了解井冈山革命斗争的形式，切身感受到今天幸福生活的来之不易。晚上，师生共同参加篝火晚会，打破班与班的界线，学生们尽情地唱歌跳舞，感受同窗情谊和友情可贵。

研学第三天，学生参观五大哨口之首的黄洋界，黄洋界地势险峻、气候多变、云雾弥漫，以保卫战而闻名天下，学生感受到当年红军取得胜利之艰险。步行游览秀美幽静的五龙潭瀑布，井冈山的壮美尽收眼底。

三天行程中，所有带队教师与学生同吃同住，时时分享收获与感受，也通过微信、QQ与家长互动，让家长知道孩子在外面的情况，以解家长“儿行千里母担忧”的牵挂之苦。每晚学生们都按规定的时间，与家长共享一天的收获，家长也纷纷留言写下感受。以下是六(1)班袁晨雯家长的感言。

从6月22日到6月25日，为期四天的井冈山红色之旅很快结束了，原以为是一场简单的毕业旅行，但看了旅行课程才知道这是怡园小学精心组织的一场毕业文化之旅。毕淑敏在《我敬畏生命的过程》一书说到，要多去大自然走走，远离城市和人群，才能让心灵得到灌溉，让智慧得到提升。想起几年前在宁夏西部影视城看到一幅对联：旅行长见识，行走即读书。读万卷书不如行万里路，孩子回来之后我细细问了行程、收获和感受。孩子第一句话就说：“太开心了，还没玩够。我们参观了炎帝陵、井冈山革命博物馆，还当了一回小红军，感受星星之火可以燎原的革命情怀。”女儿说她记得在井冈山，毛泽东为黄洋界保卫战的胜利写了一首著名的诗词《西江月·井冈山》：“山下旌旗在望，山头鼓角相闻。敌军围困万千重，我自岿然不动。早已森严壁垒，更加众志成城。黄洋界上炮声隆，报道敌军宵遁。”我说：“我查了一下，“岿然不动”语出《淮南子·诠言训》，“众志成城”语出《国语·周语下》，毛主席博古通今，智慧超群，是不是与多读好书有关?”“是的，我们也要多读好书，多长见识，增长智慧，成为有用之才。”女儿答道。“亲爱的同学们，我爱你们一辈子。”看着女儿朋友圈分享的同学合照留言和搞笑图片，流逝的是岁月，不变的是情怀，不管以后走向何方，童年情谊最纯最真，让这份纯真带领生命飞翔，让这份童心伴随梦想实现！真诚感谢怡园小学精心组织的旅行课程，真诚感谢六(1)班徐老师为这次毕业文化之旅画上圆满的句号，真心为我们的“怡小”点赞！

六(5)班部分学生游学感言如下。

这个星期四，我迎来了我的小学毕业游。我们到了井冈山，这是一个充满着浓厚的革命气息的地方。几天里，我们全班去军训、爬山……弹指一挥间，毕业游即将结束，虽然只有短短的四天时间，但我和我的同学一起经历了很多难忘而又美好的事情。每天晚上我们都会累到虚脱，虽然很疲惫，但是我收获了真挚的友谊。所以我觉得这次毕业游十分有意义。

——陈静希

井冈山游学活动在充实与快乐中结束。这次游学活动，使我不仅感觉到老一辈革命先烈的伟大，而且更觉得今天的幸福生活来之不易。在井冈山我们唱了红军歌、走了红军路、听了英雄事，每到一处参观，都是一次教育、一次熏陶。与此同时，第一次离家的我深深感受到老师深切的关怀和同学间真挚的友情。

在这四天的旅程中，我们辛苦而喜悦；在这四天的生活中，我们的生活丰富而美好；老师为我们跑前跑后，给予我们无限的关爱与照顾，同学在一起说说笑笑，开心快乐。多么希望时间能够定格，记录这美好的一切。难忘悉心培育我的恩师，难忘朝夕相处的同学，难忘一路走过的井冈山红色之旅。

——周睿

6月22日，将要毕业的我们由老师带领着来到了井冈山做拓展活动。我们怀着兴奋的心情去了炎帝陵，感受了历史的震撼。我们参加了军训，我们加深了对红军的了解。军训完后我们举办篝火晚会，玩了很多小游戏，并吃了自己做的烧烤。最后一天，我们去了黄洋界和龙潭，领略了黄洋界的美和龙潭瀑布的壮观。

我们学到了红军坚持不懈的精神，领略到了团结的力量。在军训时，我们四个团队通过不懈的努力，获得了并列第一。虽然很累，但是我们学会了团队合作。

——罗新颖

朝气蓬勃的教师队伍 1

朝气蓬勃的教师队伍 2

参加篝火晚会

游览黄洋界

6 月 29 日，五年级 40 名同学赴湖南、湖北参加研学旅行，收获满满。以下是五年级部分学生的游学感悟。

一、场景描写

今天，我们来到了西山(金鸾山)。这里的空气格外清新，雨水给植物添加了几分光亮，各种色彩汇成了一道风景线。

在远处，就能朦朦胧胧地看见一棵参天大树——银杏树，是庞统亲手栽下的。它高 3.5 米，树围 9.1 米。茂密的树叶覆盖了一大片天空，一串串李子大的果实挂在树上。在这里还不时能听见清脆的鸟鸣声，就似置身在世外桃源之中。

在银杏树的左侧，有一座名叫“凤雏庵”的赤壁遗址，建于 1846 年，原为九重大殿，面积 300 平方米，如今仅剩一间。

这里有口井，井水甘甜可口，清凉解渴。这口井位于赤壁古战场遗址金鸾山麓南侧，相传赤壁之战前夕，庞统走到这里，见到一股清泉捧上几口，感到甘甜可口，又见此地山林幽静，地势平坦，便爱上此地，即隐居下来，后人便挖此井，并将其命名为“庞统井”。

二、调查主题

关于庞统井的资料和典故。

三、将主题转化问题

第一，庞统第一次在这喝水是什么时候？

第二，庞统在这喝水的场景是怎样的？环境是怎样的？

第三，庞统井经历了哪些变动？

四、结论

为了丰富自己的大脑，我们选择了这个主题。最后，老师的解说使我们获得到了各种知识，了解了一些典故。这一次我觉得受益匪浅，不只是领任务，而是学习，并乐在其中。通过这次活动，我们以团队的力量完成了任务，深有感触，也有所体会。

——梁心妍

抓　鱼

光阴似箭，日月如梭。转眼间我们的研学旅行已经接近尾声了。虽然研学旅行已经接近尾声，但是大家还是非常高兴和兴奋。

当我听到神秘课程是去抓鱼时，我非常惊讶。我们走了半小时终于到了小河旁，我往小河里一看，发现里面全是脏兮兮的泥。刚开始我不敢下去，因为我感觉很脏，可是我在从山坡上往下走时滑了一下，导致我身上有很多泥巴。这时我想到：反正都已经脏了，我就直接跳了下去，溅起了巨大的水花。但是我的脚被河底下的泥巴困住了，接着我用力一拔，终于拔了出来。

我走着走着，发现在草堆里有很多小鱼。我拿过渔网，把鱼赶到里面，再把渔网提起来，发现里面装满了鱼。然后我把鱼放进了水桶里。

突然，有一条大鲇鱼跳出水面，我飞快地把鱼抓了起来。不料，大鲇鱼用它的尾巴拍打我的脸颊。我只好把这条大鲇鱼抛进水里。随后，我立刻往鲇鱼逃跑的方向飞奔过去。我跑着跑着，被水底的一个泥坑绊了一下，结果两只脚扎进了泥坑里。我发现我的队友刚好站在鲇鱼逃跑的方向，我立刻大声呼唤队友，队友闻声赶来。水中的大鲇鱼似乎迷失了方向，到处乱窜。当我和队友的距离不到一米时，鲇鱼又一次跳出水面，队友伸出双手一抓就抓到了大鲇鱼。后来我们利用这种方法，又抓了三条鱼。

今天的抓鱼活动真有趣，不仅让我感受到了抓鱼的乐趣，而且也让我学会了抓鱼这门技艺！

——李宇轩

卖　鱼

转眼间，我们出来研学已经八天了，老师宣布开始神秘课程——卖鱼，我们很开心，也很激动。

吃过午饭，我们准备去卖鱼和虾，我们来到第一家住户，他不想买鱼，不过他建议我们去饭店里卖鱼和虾。我们来到饭店，饭店老板说太少了，不够用。我们敲了无数家的门，被拒绝了无数次。时间已经过半了，我们将要绝望了，然后我们看到了一户人家，虽说我们已经知道被拒绝的概率很大，不过我们还是决定试试，我们用略显无力的手敲响了这家人的门，大门缓缓地开了，出来一个老奶奶，我们问她，要买鱼吗？10 元一条。她说："太贵了，不买，不买。"我们说："很新鲜的，刚刚抓的。"她有点动心了，说："5 元我就要。"我们没办法，只好同意。卖了一条鱼后，我们看到了一点希望，敲响了一家商店的门，我们问："要不要鱼，很新鲜的，刚抓的，10 元一条。"没想到老板爽快地买下了。

我们来到一家饭店，我们对老板说，鱼很新鲜，刚抓的，不过不是很大，5 元一条。老板看了看这条鱼，说："太便宜了，应该 7 元。"我们觉得这个老板真是太友善了！又有一户人家花了3元钱买了所有的小虾。我们看到了胜利的曙光，抓紧时间卖鱼，在时间快结束时，有个人买下了所有小鱼。我们把鱼虾卖完了。

卖鱼这件事不仅让我懂得不能轻易放弃的道理，而且还让我懂得了团结的力量很大。

——余行健

湖南、湖北研学之旅1

湖南、湖北研学之旅2

第四章

怡行篇：生命如歌，追梦美好

怡养正气，教化四方桃李，高标独树；园育英才，誉满万家口碑，美名频彰。

虽然只有短短的30年，但经过快速发展，怡园小学已成长为省市区的知名学校。因为独特的品牌，强大的师资，先进的设施……怡园小学早已名高天下，它以自身的魅力吸引着千万家长和学生，用厚重的文化底蕴感染着学校里的每一个人。

一、扩大交流，声誉日隆

岁月如歌声声朗，事业如棋局局新。进入21世纪，怡园小学并没有停止前进的步伐，办学规模不断扩大，交流活动日益增加。作为黄埔区教育的窗口学校，怡园小学赢得了家长和社会各界的良好口碑，处处呈现着欣欣向荣、蓬勃发展的喜人景象。

学校只有发展定位高、社会欢迎，才能成为有品牌的学校。多年来，怡园小学积极扩大校际交流，在学校的管理、文化建设等方面相互借鉴，提高了学校的知名度和影响力。

学校积极举办教学开放日等各类教学研讨活动，邀请兄弟学校到校交流研讨。同时，学校还与丰顺县潭江中心小学结为“千校扶千校”对口帮扶对子，每年开展对口交流活动，选拔学校优秀教师同该校教师结对指导，共享教育信息和资源，请该校教师到校观摩学习，实现帮扶共赢。

突出的成绩为学校迎来了良好的社会声誉，省教育厅、省督导室、广州市教育局、黄埔区教育局的领导也多次到校视察，对学校的建设和发展给予了高度评价。

从优秀到卓越，怡园小学一直在发展与进步。口口相传的美誉，家喻户晓的美名，并不会让怡园小学止步，“怡小”将以谦逊的态度，带着所有“怡园人”的希望，在未来腾飞！

(一)坚实的办学历程

1989年创校以来，历经30年的光辉岁月，怡园小学在历任校长的带领和全体师生的共同努力下，办学规模不断扩大，教学质量稳步提升，文化底蕴日渐深厚，逐步成为本区窗口学校和省市知名学校。2011年东校区开办，至2016学年，全校由24个教学班逐步扩至63个，集团化办学效应凸显。目前在黄埔区教育的新形势下，怡园小学站在新起点上、面临新契机，在社会各界的殷切期望下确立“提升品质，创建品牌”工作目标，在传承发展中迈进品牌拓展期，力图形成更加科学完善的办学思想、课程理念和管理文化，全力提升学校的课程品质和文化品牌，建设平安校园、书香校园、智慧校园、生态校园，齐心协力谱写学校发展新篇章。

(二)精良的师资队伍

怡园小学2017学年有教职工160多人，平均年龄36岁，老中青比例搭配合理，是一支年轻富有活力又不乏经验丰富的教师团队。其中，截至2017年12月，学校有中小学高级(副高)教师两人，一级教师72人，研究生学历12人，广东省优秀教师、教坛新秀、优秀辅导员五人，广州市优秀教育工作者、优秀教师、优秀班主任、优秀辅导员30多人，兼任市、区教研会理事、特约教研员、学科中心组成员等职务的20多人。学校在着力开展“名师工程”促进名师发展的同时，还大力开展“青蓝工程”，通过开展师徒结对子和成立青年教师导师团等形式，卓有成效地带动青年教师进步成长，形成了“切切偲偲、怡怡融融”的教师团队建设氛围。

(三)优越的办学条件

怡园小学位于广州市东部，黄埔区大沙地中心城区，紧邻美丽繁华的黄埔港，珠江水见证着学校的成长。与花木葱茏的黄埔公园隔路相望，地铁5号线和BRT(Bus Rapid Transit，快速公交)站点就在近旁。在动静相宜的社会环境中，怡园学子既能潜心读书，亦能与时代同呼吸。学校两个校区的占地面积是21938平方米，建筑面积是22768平方米，教育教学设施设备一应俱全。目前有专用室39间，200米环形跑道运动场两个，室内恒温游泳馆一个，750平方米的大礼堂一个，多功能电教室两个，两校区图书馆藏书七万多册，陶艺馆、美育创课室、特教资源室相继建成，怡园青少年体育俱乐部正式成立。这一切为学校进一步发展提供了物质保证。

（四）多彩的校本课程

学校在保质保量、开齐开足国家和地方课程的同时，不断丰富和拓展课程资源，构建了多彩多姿的校本课程。2013 年，怡园小学被评为广州市首批义务教育特色学校。目前学校发挥本校教师特长开设的第二课堂课程有 60 多门，依托区青少年宫校外专业力量开设的分教点课程近 30 门，依托怡园青少年体育俱乐部开设的体育训练课程 10 多门，长期坚持并取得成效的各类社团如合唱、管乐、书法、科技、陶艺、沙画、羽毛球、游泳等有 20 多个。这对满足学生个性化成长需求，促进学生兴趣、特长、爱好的发展，特别是在实现小学生体育、艺术“2＋1”特长训练目标方面起到了重要作用。2017 年，我校男童合唱团在黄埔区中小学合唱节获特等奖，并赴新加坡参加国际赛荣获银奖；东、西校区的管乐队在黄埔区器乐大赛中双双出线，并分别在广州市决赛中获得一等奖；学校游泳、羽毛球等项目一直保持着广州市体育传统项目的优势，因书法、国际象棋等项目成绩突出怡园小学近年被评为广州市特色学校。校本课程从知识的探究、兴趣的延伸、实践的体验、品德的养成多方面开展，为学生提供了展示自我、张扬个性的广阔舞台。

（五）丰富的在地文化

黄埔自古人杰地灵，文化底蕴积淀深厚，当今更是经济开发的热土，是令世界瞩目的窗口。历史悠远的南海神庙，站在古代海上丝绸之路的起点，扬起开放、包容、走向世界的风帆。举世闻名的黄埔军校，抒写着一段风起云涌的峥嵘岁月，把象征着黄埔精神的爱国、责任和担当意识，一代代传承下去并发扬光大。高新产业和技术云集的广州开发区，时刻彰显着开拓创新、敢为人先的蓬勃活力。发掘和利用这些丰富的在地文化资源，为学校培养具有“黄埔精神、家国情怀和国际视野”的人才提供了丰富多彩的课程资源。

二、前路漫漫，健行不息

在30年的办学历程中，怡园小学结合自身的特点和传统，形成了“怡文化”的办学特色，并以此为主线，在德育、智育、体育、美育等实践层面，初步形成了富有特色的教育模式。路漫漫其修远兮，当下，“怡文化”在怡园小学的课程规划、课堂教学、师生发展、环境建设等层面，仍有进一步开拓的空间。

站在怡园小学的新起点上，从更宽广的时空视角思考学校未来的发展，对怡园小学特色学校的建设无疑具有深远的战略意义。综合国内外的教育学理论与实践经验，结合学校的发展情况，怡园小学将继续挖掘“怡文化”的内涵，构建一个自然的、和谐的、美好的、适宜师生共同成长的学校教育系统。

从人与自我的关系来说，怡与健康、平和、包容、阳光等个人感受相关联，代表了内心感受的快乐；从人与他人的关系来说，怡与善良、尊重、担当、奉献等个人品行相关联，代表了人际关系的和谐；从人与自然的关系来说，怡与安静、舒适、干净、美观等自然环境相关联，代表了生活环境的美好；从人与社会的关系来说，怡与自由、平等、民主、公正等社会氛围相关联，代表了社会环境的安宁。

(一)构建怡美教育，提升办学品牌

怡园小学自1989年创建至今，已经走过了30年的光阴。在天时地利人和等多种因素的助推下，学校先后成为广州市首批义务教育特色学校、广东省中小学校长培训基地、全国红领巾示范学校、广州市游泳、羽毛球传统项目学校、击剑网点学校、广州市书法特色学校、广州市智慧校园试点学校等。目前，学校正处于以“提升品质，创建品牌”为工作目标的品牌拓展期。在规模不断扩大、持续内涵发展的现代化进程中，怡园小学已经形成了优美的校园环境，积累了深厚的文化底蕴，凸显出

鲜明的“怡文化”特色。

2016 年，学校确立“循序渐进，传承发展”的思路和“文化引领，品牌拓展”的方略，提出将“怡”文化特色上升为“怡”文化统领，进而于 2017 年提出以“怡文化”为办学思想，努力构建更加科学完善的顶层文化体系。

在“怡文化”办学思想的引领下，我校提出“怡美教育”哲学。“怡美”，即“怡心怡身，至善至美”，这是怡园小学全体师生倡导的精神风貌和价值追求，是全体师生共同的行为规范和价值取向。教育是师生追求真善美的事业，师生在求真、求善、求美的过程中达到真善美的统一，成为一个德才兼备的人，一个全面发展的人，一个对家庭、对社会、对国家有用的栋梁之才。怡园小学的“怡文化”，就是遵循教育教学规律和人的成长规律，通过营造安宁的社会氛围，打造美好的校园环境，形成和谐的人际关系，增强快乐的内心感受来成就师生成长的怡园。“怡美教育”不仅是外在的表象，而且更是内心的体验，是让人从内心散发到外表，又从外表深入内心的神形合一。怡园小学的全体师生应该和睦相处、和谐共进，身心一体，健康成长，愉悦发展。

1. 办学愿景：用爱和智慧营造师生成长的“怡”园

学校教育的根本使命就是促进学生身心的健康发展，实现学生个体从自然人向社会人的转变；同时促进教师的专业成长，提升教师的职业幸福感。学校教育是爱的事业，学校教育也是智慧的事业。怡园小学用爱和智慧积极整合中华民族优秀传统文化和现代文明；整合中西方课程资源的优势；整合中西方教师资源的优势；整合学校资源和社会资源的优势，努力把学校打造成学生快乐成长、教师幸福工作的怡园，成就能够推动社会发展、实现中国梦的人才。基于国家培养目标和中国学生发展的核心素养，我们将“怡文化”下学生的核心素养概括为：身心健康、品行优良、才智多元、审美高雅。

2. 育人目标：培养具有“黄埔精神、家国情怀、国际视野”的“怡美”少年

（1）黄埔精神

怡园小学地处广州市黄埔区，毗邻黄埔军校和广州海上丝绸之路的起点扶胥港。作为广州市黄埔区的窗口学校，怡园小学要传承的黄埔精神包括黄埔军校精神及广州海上丝稠之路文化精神。黄埔军校为民族独立和祖国统一培养了众多杰出军事人才，“爱国、奉献、担当”的革命乐观主义精神是其核心，这和学校教育的社会使命“为了民族的复兴”是一脉相承的，也是“怡己怡人”的“怡文化”的内涵之一。黄埔，千百年来为广州经济的发展做出了巨大的贡献，是广州海丝文化的起源，“开放、包容、创新”的海丝精神是“怡心怡身”的“怡文化”内涵之一。

（2）家国情怀

家国情怀是一个人对自己的国家和人民所表现出来的深情大爱，是对国家富强、人民幸福所展现出来的理想追求，是对自己国家的一种高度认同感、归属感、责任感和使命感。儒家思想中的“修身、齐家、治国、平天下”就是家国情怀，这和“怡文化”是高度吻合的。“修身”就是“怡文化”的“怡心怡身”，个体应该首先把自己修炼好，再来承担社会责任“齐家、治国、平天下”，这也就是“怡文化”的“怡己怡人”。

（3）国际视野

黄埔千百年来一直都是广州走向世界的通道。“怡心怡身，怡己怡人”的“怡”少年必须在传承海丝文化的基础上，了解丰富多彩的世界先进文化，形成海纳百川的国际理解态度，掌握求实创新的国际竞争本领，培养诚信儒雅的国际交往品格。

怡园小学培养的是能够推动社会发展，甚至影响世界的高端人才，要在传承黄埔精神的基础上，与其他国家人民平等友好地交往，形成民族平等意识和民族团结合作精神，在与国际先进文化共存与融合的同时，具有中华民族优秀文化的辐射能力，努力传播和扩大民族优秀文化的影响，推动跨文化交流，增进对不同国家、不同文化的认识和理解，

具备国际理解、交流、合作、竞争的能力，这才是有“黄埔精神、家国情怀、国际视野”的“怡美”少年。

3. 校训：怡养正气，园育英才

(1)怡养

①和乐。嵇康《文选琴赋》：“若和平者听之，则怡养悦悆，淑穆玄真，恬虚乐古，弃事遗身。”《广雅·释诂一》：“养，乐也。”②犹保养，休养。何逊《入西塞示南府同僚》诗：“情游乃落魄，得性随怡养。”《旧唐书·丘和传》：“和时年已衰老，乃拜稷州刺史，以是本乡，令自怡养。”③犹陶冶。茅盾《官舱里》：“‘哦，丝竹是能够怡养性子的。极好，极好！’老先生也郑重地赞叹着。”

(2)正气

①充塞天地之间的至大至刚之气。体现于人则为浩然的气概，刚正的气节。文天祥《正气歌》：“天地有正气，杂然赋流形。”孟子曰：“吾善养吾浩然之气。”②指光明正大的作风或纯正良好的风气。《通玄经》：“君子行正气，小人行邪气。内便於性，外合於义，循理而动，不繫於物者，正气也。”③正派；正经。《儒林外史》：“先年东家因他为人正气，所以托他管总。”④正常气色。茅盾《子夜》“他那脸色和眼神的确好多了，额角却是火烧一般红。这不是正气的红。”⑤指人体内的元气。即人体的防御、抵抗和再生的功能。与邪气对言。《素问·刺法论》：“正气存内，邪不可干。”

(3)英才

①杰出的才智。《后汉书·祢衡传》：“淑质贞亮，英才卓砾。”李白《赠何判官昌浩》：“夫子今管乐，英才冠三军。”②指才智杰出的人。《孟子·尽心上》：“得天下英才而教育之，三乐也。”

“怡养正气，园育英才”的校训反映了怡园小学的文化指向，是学校文化内涵的熔铸，体现了师生的精神追求，表达了学校的办学宗旨“推崇养正教育为幸福人生奠基，培育正气英才为国家社会争光”。孟子曾将“得天下英才而教育之”视为君子人生最大的快乐之一。怡园小学以

“怡文化”为引领，是一所充满天地之正气的校园，是培养学生从小养成浩然之气的学园，是一所得天下英才而教之的乐园，是师生幸福成长的“怡”园。

4. 校风：怡心怡身，至善至美

(1)怡心

和悦心情。上官昭容《游长宁公主流杯池》中有“岩壑恣登临，莹目复怡心”的句子。

(2)怡身

健康的身体，强健的体魄。

(3)至善

至善指最崇高的善。通常指一切其他的善都包含于其中或者都来源于它的那种最高的善。《礼记·大学》：“大学之道，在明明德，在亲民，在止于至善。”至善是指为人要正直善良，用爱去对待周围的一切，用爱指引智慧的人生，做一个乐于助人、乐于奉献的人。

(4)至美

至美就是最美、美到极致的意思。至美不仅指外表端庄美丽，而且指心灵美、行为美。至美的本质在于追求人的生命之美，展现积极向上的生命之美，自强不息，努力奋斗，发展内涵，追求卓越。

5. 教风：乐教善教，至精至诚

(1)乐教

乐教指乐于从教。乐教观是孔子教育思想的重要组成部分。教师应该带着乐观积极的心态从事教育教学工作，如此才能体会到教师职业的幸福感和学生成长的快乐感，只有教师“乐教”才能引领学生“乐学”。

(2)善教

善教就是善于因材施教，循循善诱，教学艺术高超。语出《礼记·学记》：“善歌者使人继其身，善教者使人继其志。”只有教师“善教”才能引领学生“善学”。

(3)至精

至精指精妙绝伦的人或事物。《易经》："其受命也如响，无有远近幽深，遂知来物。非天下之至精，其孰能与于此?"

(4)至诚

至诚是极为诚恳、诚心诚意之意。《汉书·楚元王传》："其言多痛切，发于至诚。"精、诚二字不仅体现了对教师业务素质和道德素养的要求和准则，同时精、诚作为黄埔军校的校训，而且体现了怡园小学对黄埔精神的传承和发扬。

"乐教善教，至精至诚"的教风是怡园小学全体教师德才风范的体现，是教书育人的准则和规范。怡园小学的全体教师应该带着乐观积极的心态从事教育教学工作，用高尚的品德和美好的风范影响学生，遵循教育教学规律，创造性地开展教育教学工作，以"乐教"引导学生"乐学"，以"善教"引领学生"善学"，教学相长，在言传身教和潜移默化中培育出德才兼备的高素质人才，在学生的成长中体会从教之乐，以从教为乐。

6. 学风：乐学善学，至知至行

(1)乐学

乐学指乐于学习，乐于探究。孔子云："知之者不如好之者，好之者不如乐之者。"可见乐学的重要性。

(2)善学

善学指善于学习。善于学习者必定善思。《礼记·中庸》中有"博学之，审问之，慎思之，明辨之，笃行之。"这是对"善学"最好的概括。

(3)至知

至知指最高的智慧；最有智慧的人。《庄子·庚桑楚》："至义不物，至知不谋。"

(4)至行

至行指卓绝的品行。《晋书·朱冲传》："少有至行，闲静寡欲，好学而贫，常以耕艺为事。"

“乐学善学，至知至行”的学风是怡园小学的学生在学习过程中表现出来的学习态度和学习风气，也是学生的行为规范和思想道德的集中体现。“乐学善学”是怡园小学近几年大力倡导的教学理念，倡导学生立志于学，既乐于学习，又善于学习，讲求学习方法，掌握学习技巧，提高学习效率，形成学习能力。“知是行之始，行是知之成。”通过学习增长知识，通过知识改变行为，达到知行合一的境界。

(二)完善课程体系，生成特色教学

1. 构建“怡乐”课堂

“怡乐”课堂的教学理念是“寓教于乐，教学相长”。“怡乐”课堂就是要让教育过程充满快乐，师生共同在快乐中收获知识、提升能力。而“怡”的本义是内心喜悦而宁静，因此“怡乐”课堂应该是微笑的、赏识的、安静的，这样的课堂才能让师生真正发自内心地感受到学习的快乐。

(1)微笑的课堂

微笑是善良、友好的象征，是对他人的理解、关心和爱的表达，是充满自信、乐业敬业的表现。教师的微笑不仅有助于拉近和学生之间的距离，缓解课堂上的紧张气氛，带给学生自信和向上的力量，而且还能感染学生，让学生有克服困难的勇气，能够带着微笑快乐地学习。因此，“怡乐”课堂首先应该是微笑的课堂。

(2)赏识的课堂

每个人在成长的过程中都希望得到他人的赏识。赏识是及时的表扬和鼓励，是对人的价值的肯定。现在课堂的赏识往往是单向的，只有教师赏识学生，没有学生赏识教师。而“怡乐”课堂的赏识是怡己怡人的，因此这种赏识应该是双向的，既有教师对学生的及时表扬和鼓励，这种表扬和鼓励能让学生感受到身心的愉悦、激发学生的学习兴趣、活跃学生的思维，提高学生学习的效率；又有学生对教师的及时表扬和鼓励，这种来自学生的表扬和鼓励不仅能让教师感到快乐，而且也是对教师的一种肯定和鞭策。

“怡乐”课堂上的教师除了是知识的传授者，还有一个重要的使命是成为课堂氛围管理的专家，教师要有这种情绪调节和情绪管理能力，这样的“怡乐”课堂才是真正快乐的课堂。

(3)安静的课堂

安静的课堂不是不让学生说话，而是要给学生留下思考的时间，善于思考的学生才是善于学习的学生。而善于思考的学生往往都表现得比较安静，因为安静更有利于思考。现在的很多课堂为了追求教学效果，教学环节安排得过于紧凑，学生疲于合作、展示、回答问题，表面上看起来这样的课堂很热闹，学生参与度高，教学效果好，实际上没给学生留下足够思考的时间和空间，影响了知识的生成。因此“怡乐”课堂要有“静”，要有“留白”，要给予学生思考的时间，要给知识的生成留出空间。

微笑的、赏识的、安静的“怡乐”课堂应该实行“自学—研学—展学—评学”的“四学”教学模式，让学生知道思考的过程比知识的获得更重要，知识的应用比知识本身更重要，学习方法比学习本身更重要。

2. 构建“怡美”课程

课程是学校的核心产品，是学生的精神食粮，是学校育人的蓝图。对于小学生来说，能够让他得到尊重、自由选择的课程才算“怡”，而“怡美课程超市”就是尊重学生的学习意愿，能让学生自由选择自己喜欢的课程，满足学生多样化、个性化的学习需求。“怡美课程超市”应该符合以下几个原则。

第一，生活化原则。人一旦远离了生活就很难找到快乐，为什么很多学生都学得那么痛苦，就是因为所学的知识与学生的生活割裂开了，对学生来说那些知识显得太遥远，因此“怡美课程超市”应该是生活化的。

第二，综合化原则。现在的学科本位太强，数学就教数学，语文就教语文。事实上，很多学科之间都有内在联系，只是我们人为地把这些知识分割成很多板块，放在不同的学科里让学生学习，这导致学生没法把它体系化、结构化为同一方面的知识，也没法实际运用它。当今的人们生活在知识形成的网络中，单纯的某一知识是没有生命力的，所以“怡美课程超市”应该是综合化的。

第三，多样化原则。课程是学生的精神食谱，每个学生需要的食谱是不一样的。课程有可供学生选择的空间，满足了学生的课程需求时，才能真正达到“怡”，因此“怡美课程超市”应该是多样化的。

第四，游戏化原则。游戏是小孩子交流感情、分享经验、学习知识、增长能力和认识社会的一个重要途径，小孩子都很喜欢玩游戏，因为游戏中有太多的快乐，“怡美课程超市”就是要在游戏中让学生增长知识、提升能力。

“生活化、综合化、多样化、游戏化”的“怡美课程超市”要做到国家课程校本化、校本课程特色化、特色课程班本化，最终走向生本化、家本化，实现学校、学生、家庭、社会共建的课程超市。

基于上述理解，怡园小学的“怡美课程超市”由四个维度构成：获得身心健康的“怡”、养成优良品行的“怡”、成就多才多艺的“怡”、追求高雅审美的“怡”。我们将这四个维度称为怡园小学“怡文化”的四大核心素养。

怡园小学注重打造的“怡文化”的特色品牌课程如下。

(1)情绪管理技巧课程

情绪是以愿望、需要、欲望、追求等为倾向和内容的一种心理活动。它是个体对外界事物的态度、体验以及相应的行为反应，有积极与消极之分，积极的情绪可以催人上进，有益于身心健康，消极的情绪会让人心理失去平衡，失去动力，为我们带来一连串的负面影响。根据儿童教育学的最新研究：如果孩子无法集中注意力，性格急躁、易怒、悲观，或者孤独、焦虑、对自己不满意等，那么这会在很大程度上影响其个性发展和品格培养。如果负面情绪经常出现且持续不断，那么这就会对个人产生持久的负面影响，进而影响学生的身心健康和人际关系的发展。近年来，校园暴力事件频频发生，这在一定程度上和学生的情绪管理能力弱有关系。

一个能够管理好自己情绪的人，才有可能成为一个真正快乐的人。有位哲学家说过："一种稳定平和的情绪比一百种智慧更有力量。"如何调整和控制情绪成为人们日益关注的话题。对小学生来说，培养其情绪管理的能力，让其成为自己情绪的主人更有利于学生的健康成长和快乐成长。

怡园小学作为以"怡文化"为特色的学校，更加应该注重培养师生的情绪管理能力，让学校真正成为师生成长的"怡园"。学校开设了"情绪管理技巧"校本课程，并将其打造成了学校"怡文化"的特色品牌课程。

(2)文明礼仪课程

文明礼仪是人类为维系社会正常生活而要求人们共同遵守的最起码的道德规范，它是人们在长期共同生活和相互交往中逐渐形成，并以风俗、习惯和传统等方式固定下来的规范。文明礼仪不仅是个人素质、教养的体现，而且是个人道德和社会公德的体现，更是弘扬民族文化、展示民族精神的重要途径。中华民族自古以来就是"礼仪之邦"，一直非常重视文明礼仪教育。之前由于受应试教育的影响，学校教育一度忽视了对学生文明礼仪的培养，导致学生出现了不少问题。近年来，文明礼仪教育再度受到重视，很多学校都自主或通过专家指导开发文明礼仪校本课程，加强对学生的文明礼仪教育。

学校可以开发《小学生校园礼仪规范》《家庭礼仪》《社会交往礼仪》《中国传统节日礼仪》《重大活动礼仪》《国际礼仪》等相关的校本教材，并将文明礼仪教育作为学校的必修课，文明礼仪教育可以采用情景体验教学法来进行，让学生在情景中发现、体验、感悟，获得知识和情感上的升华。

(3)研学旅行课程

研学旅行是一种传统的学习教育方式，如春秋时期孔子率众弟子周游列国、玄奘西游、郑和下西洋以及意大利的马可波罗到中国等，都是古代研学旅行的典型代表。

教育部等11部门联合出台的《关于推进中小学生研学旅行的意见》中指出，研学旅行是由教育部门和学校有计划地组织安排，通过集体旅行、集中食宿方式开展的研究性学习和旅行体验相结合的校外教育活动，是学校教育和校外教育衔接的创新形式，是教育教学的重要内容，是综合实践育人的有效途径。开展研学旅行，让广大中小学生在研学旅行中感受祖国的大好河山，感受中华传统美德，感受革命光荣历史，感受改革开放的伟大成就。研学旅行有利于促进学生践行社会主义核心价值观，激发学生对党、对国家、对人民的热爱之情；有利于推动学校全面实施素质教育，创新人才培养模式，引导学生主动适应社会，促进书本知识和生活经验的深度融合；有利于学生学会动手动脑，学会生存生活，学会做人做事，促进身心健康、体魄强健、意志坚强，促进正确的世界观、人生观、价值观的形成，把学生培养成德智体美全面发展的社会主义建设者和接班人。该文件还指出，要开发一批育人效果突出的研学旅行活动课程。

怡园小学将在学校现有的“风云黄埔”“走遍中国”“旅游分享”等课程的基础上，研发《红色革命之路》《历史文化之路》《生态自然之路》等校本教材，利用多媒体教学系统，让学生先进行书本上的研学旅行，有条件、有机会时再组织学生进行实地的研学旅行。

3. 开展“怡养”德育

德育是学校育人工作的主阵地，学生良好的道德品质和行为习惯的养成都是通过各种德育活动来强化的。“怡养”德育的理念为“养浩然之气，正做人之本”。

“怡养”德育应该围绕怡文化的特色品牌定位来建立多层次、多渠道的德育工作目标管理体系，实现德育工作的“四化”——课程化、活动化、系列化、创新化。

学校可通过开展爱国主义教育以加强学生对国家的理解和认同，开展理想信念教育以帮助学生树立远大的理想，开展挫折教育以培养学生永不放弃的精神，开展以服务他人和服务社会为主的综合实践活动使学生领悟和传承黄埔精神，开展禁毒教育来培养学生健康的身心，开展礼仪教育让学生成为一个内外皆美的人，开展情绪管理教育让学生学会调控自己的情绪，保持积极乐观的心态等。

怡园小学将开展以下“怡文化”的德育品牌活动。

(1)开展“怡美教师”评选活动

学校将在全体教师中开展“怡美教师”评选活动，成立由校长、教师代表、家长代表及学生代表组成的“怡美教师”评选委员会，共同制定评选标准，每月或每学期进行一次“怡美教师”评选活动，每次可评选1～3位“怡美教师”，颁发“怡美教师”荣誉证书，对获选的“怡美教师”给予评优、外出学习考察等奖励，以此来激励全体教师形成快乐学习、幸福工作的良好氛围，促进教师个人的成长及学校的发展。

(2)开展“怡美少年”评选活动

学校将在全体学生中开展“怡美少年”评选活动，成立由校长、教师代表、家长代表及学生代表组成的“怡美少年”评选委员会，共同制定评选标准，每周、每月或每学期进行一次“怡美少年”的评选活动，每次可评选10名左右的“怡美少年”，颁发荣誉证书，也可由班级自行组织进行“怡美少年”的评选活动。学校还可组织当选的“怡美少年”在社区或公益机构开展一些社会实践活动。

(3)开设“怡美讲堂”

怡园小学将开设“怡美讲堂”，每周或每月开讲一次，可以邀请文化名人、知名校友或成功人士来“怡美讲堂”讲课，也可以让“怡美教师”或“怡美少年”分享自己的成长故事，这些演讲会对增长学生的知识、开阔学生的眼界、丰富学生的阅历、提升学生的认识起到一定的积极作用，为学生的快乐成长添砖加瓦。

4. 科研拓宽思路

教师在参与教育科研的过程中，不仅达到自我学习、自我提高、自我教育目的，而且还能找到自己的长处与不足，看到自己与时代要求、与优秀同行的差距，促使自己站在更高的层次上思考问题，增强参与教育科研的紧迫感、危机感、压力感。通过教育科研，提高运用教育理论分析研究问题的能力，转变教育观念，科学进行教育教学实践，由经验型逐步转化成科研型，实现自己教育历程的根本改变。同时有利于培养学生的创新精神和能力，推进素质教育、深化教育教学改革的步伐。

学校除原有的科研课题外，还将对"怡文化"开展专项课题研究，充分调动全体教师参与教科研的积极性，请专家来指导，提升教师的教科研水平，以研促教，以教带研，在全校形成一股科研之风。

5. 共建"怡和"家校

家庭是孩子成长的摇篮，家庭教育对孩子的影响有时甚至超过了学校教育的影响。因此，怡园小学的"怡文化"理应辐射到学生家庭，只有"怡美教师""怡美家长"才有可能培养出"怡美少年"。

怡园小学将充分调动家长参与学校事务的积极性，让家长都参与到"怡文化"的建设中，构建有效的家校合作共育机制。学校可成立校级、年级、班级三级家长委员会，成立家长学校，定期举办家庭教育讲座，提升家长的理论水平；密切家校之间的联系，保持家校教育的一致性；定期或不定期举办各种特色亲子活动，引领孩子健康快乐地成长。

(三)构建怡偲团队，提升教师素养

教师队伍是学校的第一资源，没有好的教师就不会有好的学生，教师队伍的建设是学校发展的基础。怡园小学在品牌建设过程中，要注重提高教师队伍的内在价值及教科研能力。怡偲教师队伍的建设就是要以学习为基础，以创新为动力，对教师的教育教学能力进行科学合理的开发与使用，持续不断地提升教师的专业能力，并在教师队伍中形成合力，提高教师队伍的素质和水平，进而促进学校办学质量的提升。

1. 营造良好的学习氛围

教师要读好四类书：读经典名著，增文化底蕴；读教学专著，强教学实践；读教育理论，提教育水平；读报刊杂志，知天下大事。教师在阅读中，以原理掌握、方法实施为基础，以专业拓展、学科纵深为发展。阅读能激发持久的兴趣，引发可持续的思考，从而形成终身阅读的良好习惯，并为教师订阅相关的教育杂志、期刊，使他们能及时了解最新的教育教学动态，掌握最新的教育教学思想。

2. 加强教师队伍的培训

教师的成长离不开自身的学习与努力，同时也离不开各种形式的培训和交流，学校会尽可能地为教师提供培训的机会和平台，除了引进专家指导、加强校本培训外，还可以和专业的培训机构合作为教师提供专业的、个性化的培训，以真正帮助教师提高专业水平。

3. 加强名师的培养

对于学校来说，名师的引领辐射作用对于整个教师队伍的建设具有积极的影响。同时，名师就是学校特色品牌的一张名片，学校将进一步完善名师培养制度，加大名师培养的力度，培养尽可能多的名师，以借此提升学校特色品牌的影响力。

（四）优化人文环境，打造怡美校园

校园文化不仅能美化环境，展示学校的办学成果，还能凸显学校的办学特色，使学生能够在校园文化的熏陶中受到潜移默化的影响。因此，怡园小学的校园文化将围绕“怡美校园”来进行设计。

怡美校园应该是安全的、舒适的、美观的。人只有在安全的环境里才有可能感觉到快乐；舒适的环境应该是有情调、有情趣、有意境的，让人一走进来就感觉到轻松愉快；美观的环境主要体现在色彩、视觉两个层面，色彩搭配协调、视觉效果好的东西才能使人身心愉悦。怡园小学将根据学校的实际情况，对校园文化进行优化。

1. 整体规划，系统建设

①提炼怡文化的主色调。根据怡文化的特点，提炼出以新绿为主色

调的标准色系。

②提炼符合怡文化的造型元素，增加怡文化的辨识度。

③对整个校园进行整体规划，确定主题，共同呼应怡文化。

2. 做好绿化、美化工作，让怡园真正成为“怡园”

①做好绿化、美化环境工作。校园绿化、美化，以实用、经济、美观为原则，以绿色植物造景为主，以园林小品为辅，适当设置景点，做到点面结合，使校园成为工作、学习、休憩的理想场所。

②加强对绿化工作的目标责任制管理。设专职绿化人员，定期对全校花草、树木、绿篱进行修剪、养护。

3. 设置人文景观，全面解读“怡文化”

①适当设置人文景观，包括国学园、围墙花径、入口广场等。

②在教学楼的各个楼层设置国学、艺术等不同主题的走廊文化，营造学校特色文化的视觉效果。

③修缮、增设各宣传橱窗、黑板报、布告栏等，使之呈现舒适的视觉效果。

④建设“怡文化”主题园区，使之既有交流的功能，又能让学生感受到大自然。

⑤增加趣味故事在校园里的渗透，让学生随处都可“会心一笑”。

4. 全方位、多角度实现快乐校园

①合理使用声、光、电等手段，营造优美动听的环境氛围。

②针对学生的日常活动范围进行设计，多角度营造快乐的环境。

校园文化的设计是非常专业的工作，学校可与专业的校园文化设计公司合作，对“怡美”校园文化进行系统化、层次化、特色化的设计以突出学校的“怡文化”特色品牌。

(五)创新学校管理，打造幸福怡园

什么样的管理方式才能培养“怡人”呢？只有民主的、自主的、人性

化的怡心管理，才能让全体教职工真正从内心深处感受到工作的快乐。

1. 民主的管理

怡心管理要充分发挥民主的作用，建立重大事项集体决策制度，让教师、家长和学生都参与到学校的管理中来；管理制度的更新和细化都要通过民主的方式来完成。学校先通过工会广泛征求教职工的意见——对现行管理制度的建议，然后通过教代会来讨论决定。管理制度充分尊重了广大教职工的民主权利，大家对修改后的制度很容易理解，执行起来也会非常顺利。

2. 自主的管理

除了管理氛围要民主外，还要充分调动教职工的工作自主性。自主工作才能创新，才会让人由衷地感到快乐。要想实现自主工作，就必须尊重人的个体差异。尊重个体差异是教育的规律，这不只是针对学生，对教职工来说也一样。每个教职工都是一个独特的个体，有不同的兴趣、爱好、特长、能力。自主的管理就是建立中层干部竞聘制，从每个人的兴趣、能力出发。同时，恰当的激励对提高教职工的工作自主性也有着重要的作用，不仅是物质激励，更重要的是精神激励，如自我激励、团队的影响等，真正让每个教职工不仅从心理上，而且从情感上得到满足。

3. 人性化的管理

人性化管理就是以人为本的管理。孟子曰："得人心者得天下!"学校在管理过程中多点人情味，有助于增强全体教职工对学校的认同感和忠诚度。人性化的管理就是从人的生理、心理、心灵三个层面来满足教职工的需求。

生理层面就是要解决教职工的基本生存需求。俗话说："民以食为天。"学校解决了教职工的吃饭问题，大家才能安心快乐地工作。学校怡膳堂为全体教师供应早午餐，这既为大家节省了时间和精力，也为大家交流工作和培养感情提供了机会，有助于和谐氛围的营造。心理层面就是要尊重每个教职工，让大家感受到学校对自己的重视，为每个教职工提供测评，让每个人都能深入了解自己的心理健康状况，解决心理困惑，为压力大的人提供专业的心理辅导和改善方案，让大家都有一个健康的心理。心灵层面就是让全体教职工有一个共同的信仰——目标，因为人总是希望能有一个长久的目标而不是虚度一生。

“怡文化”特色品牌的建设就是让怡园小学全体教职工拥有共同的信仰，让人人找到自己职业的幸福感。

怡养正气，怡然而立！30 载栉风沐雨，30 载春华秋实！

站在新时代、新起点，迎接新机遇、新挑战，怡园小学在新一代全体“怡园人”的团结协作下，正以“怡文化”为办学思想，践行“怡心怡身，至善至美”办学理念，致力于怡养德育、怡乐智育、怡身体育、怡心美育和劳动教育“五育并重”，致力于平安校园、书香校园、智慧校园和生态校园建设“四位一体”，坚持培育具有黄埔精神、家国情怀、国际视野的“怡美少年”，努力营造充满爱和智慧的、师生共同成长的“怡堂乐园”。

生命如歌，每一颗心都激情澎湃；追梦未来，每一个梦都缤纷五彩；温暖如初，每一双眼都传递真爱；至善至美，每一份情都童心不改。怡园小学的明天一定更加美好！

Ⅰ：怡园小学校史大事记

时间	大事记
1989 年 9 月	怡园小学正式开办，冯咏韶任怡园小学第一任校长(1984 年被评为广州市劳动模范)
1990 年 4 月	怡园小学被评为广州市花园式单位
1991 年 9 月	任仲夷先生(广东省原省委第一书记)到校参观并题字："怡园小学办的好!"
1992 年 1 月	怡园小学被评为广州市小学读书活动先进集体
1993 年 3 月	怡园小学被评为广州市首批电化教育达标校
6 月	美籍华人陈香梅女士到访学校
9 月	学校游泳馆建成并启用
1994 年 6 月	教师舞蹈《青春的抉择》获广州市教育系统教师文艺汇演一等奖
9 月	怡园小学被评为广东省省一级学校
1995 年 6 月	怡园小学被评为广州市德育示范学校
1996 年 6 月	怡园小学被评为广州市教育系统先进单位
1997 年 6 月	通过广东省一级学校复评，怡园小学 200 米标准跑道运动场落成
7 月	怡园小学教师参加香港回归庆典活动
9 月	王晋荣任怡园小学第二任校长
1998 年 9 月	怡园小学被评为广州市语言文字规范化示范学校
9 月	怡园小学被评为广州市教育工作先进单位
10 月	怡园小学被评为广州市文明示范校园

续表

时间	大事记
1999 年 6 月	怡园小学被评为广州市红领巾示范学校
2000 年 4 月	王晋荣校长当选黄埔区人大代表、被评为广州市劳动模范
5 月	怡园小学被评为广州市红十字会先进集体
8 月	王晋荣校长当选广州市人大代表
2001 年 7 月	怡园小学管乐队赴香港参加“香港国际缤纷管乐节”交流活动
2002 年 7 月	怡园小学管乐队赴澳门参加“澳门第一届国际管乐节”交流活动
7 月	关希玮任怡园小学第三任校长
10 月	怡园小学荣获“童趣杯”等三项全国少先队特色小队称号
11 月	怡园小学成为全国构建体育课程体系研究实验学校
12 月	怡园小学荣获广东省少先队红旗大队
2003 年 3 月	怡园小学被评为广东省巾帼文明示范岗
3 月	怡园小学被评为 2001—2002 年市青少年科技教育活动先进集体
4 月	怡园小学被评为信息技术教育全国优秀示范学校
6 月	怡园小学被评为黄埔区首批英语、体育、艺术教育特色学校
6 月	怡园小学成立国旗仪仗队
7 月	怡园小学被授予广州市小公民道德建设实践基地
2004 年 9 月	崔景华任怡园小学第四任校长
11 月	学校的“丫丫”艺术团在广州市首届中小学校艺术展演中获一等奖
2005 年 12 月	广东省中小学校长培训实践基地授牌、挂牌
2006 年 5 月	孙冬梅主任被评为广州市劳动模范
6 月	黄静娴老师当选为黄埔区政协委员
7 月	学校舞蹈队赴韩国参加“全国青少年艺术之星韩国行”文化交流活动，表演舞蹈《小白鸽》
9 月	怡园小学综合教学大楼(现怡成楼)落成，同时完成校门改造
11 月	越南基础教育考察团一行 15 人访问怡园小学
2007 年 3 月	学校体艺卫科组被评为广州市巾帼文明岗

续表

时间	大事记
3 月	崔景华校长当选为广州市人大代表
2008 年 9 月	怡园小学成为广东省英特尔未来教育项目推广示范学校
2009 年 3 月	怡园小学成为广州市语言文字规范化示范校
2010 年 1 月	香港基督教协会协和小学师生访问团到校开展“同心同根”交流
2 月	学校“丫丫”艺术团舞蹈队赴京参加全国校园春节联欢晚会
3 月	怡园小学被评为广州市安全文明校园
6 月	怡园小学被授予黄埔区小学语文学科示范基地
11 月	怡园小学师生赴梅州市潭江中心小学开展省千校扶千校对口交流活动
2011 年 6 月	怡园小学成为广东省中小学教师培训实践基地
9 月	怡园小学开办东校区
2012 年 6 月	怡园小学被评为广东省红领巾示范学校
9 月	伦敦奥运会花剑冠军雷声回到母校，为“黄埔击剑训练网点学校”揭牌
2013 年 4 月	澳大利亚侨友社中文学校到校参观访问
11 月	怡园小学被评为首批广州市义务教育阶段特色学校
2014 年 6 月	怡园小学被评为广东省少先队红旗大队
7 月	怡园小学首次组织 30 多名师生赴澳大利亚交流
11 月	瑞典哥德堡市教育代表团到访东校区
11 月	怡园小学被评为广东省义务教育标准化学校
2015 年 3 月	怡园小学 30 多名师生首次赴英国参加夏令营活动
4 月	怡园小学被授予广州市中小学教育质量阳光评价改革试点学校
8 月	30 多名师生首次赴英国参加游学夏令营活动
8 月	蔡英华副校长当选为黄埔区党代表
2016 年 4 月	袁超任怡园小学第五任校长
4 月	黄埔区人大主任陈小华、副主任章登明到校视导
5 月	怡园小学教师代表团赴新疆喀什疏附县第二小学开展对口帮扶交流活动
6 月	黄埔区人民政府李红卫区长到校视导校园及周边环境

续表

时间	大事记
7 月	怡园小学派出骨干团队承办新校——黄埔区怡瑞小学
11 月	怡园小学党支部委员会换届选举，袁超当选党支部书记
11 月	怡园小学成为广州市首批智慧校园实验学校
2017 年 4 月	阿斯顿教育集团和美国巴尔博亚高中篮球队到校访问
4 月	学校大礼堂、多功能厅、运动场、陶艺馆、特教资源室等相继完成改造升级启用，并成立黄埔区怡园青少年体育俱乐部
4 月	学校国旗仪仗队赴井冈山实验小学参加全国红领巾国旗班手拉手活动
5 月	澳大利亚 Sherbrooke 学校师生到访怡园小学
6 月	怡园小学公开征集评选“一训三风”活动，并揭晓结果
7 月	怡园小学被评为广州市文明校园
7 月	怡园小学男童合唱团赴新加坡参加国际合唱节并获银奖
9 月	举办纪念孔子诞辰塑像落成暨成童开笔礼
10 月	澳大利亚 Doree 学校师生到访怡园小学
10 月	怡园小学东、西校区两支管乐队双双荣获广州市器乐演奏决赛一等奖
11 月	怡园小学在区体育中心运动场召开全校师生运动会
2018 年 1 月	怡园小学在黄埔区图书馆举办“怡展风华 园润墨香”师生书法作品展
2 月	怡园小学东校区新校门建成启用
7 月	开办怡园小学北校区
8 月	怡园小学被评为广东省红旗大队
9 月	怡园小学举办“开笔启心智 明礼学做人”成童开笔礼
11 月	怡园小学成立学校少工委，举行中国少年先锋队第一次代表大会
12 月	成立广州市黄埔区怡园教育集团
12 月	怡园小学东校区获黄埔区大课间比赛一等奖，代表区参加广州市展演

Ⅱ：怡园小学教师荣誉统计表(精选)

级别	获得荣誉称号	教师姓名
国家	杰出教育工作者	崔景华
省级	省南粤教坛新秀	崔景华
省级	自治区优秀援疆干部人才 优秀支教教师	袁超
省级	省南粤教坛新秀	陈素彬
省级	省南粤教坛新秀	郑伟
省级	省优秀辅导员	陆瑞莲
省级	省优秀科学教师	区绮文
市级	市优秀教师	蔡英华
市级	市优秀教师	林少群
市级	市优秀教师	戴江静
市级	市优秀教师	郑伟
市级	市优秀教师	郑扬清
市级	市优秀教师	卢健红
市级	市优秀教师	陈晓云
市级	市优秀教师	陈泰增
市级	市优秀班主任	黄海红
市级	市优秀班主任	吴桂清
市级	市优秀班主任	方怀
市级	市优秀班主任	宋慧
市级	市优秀班主任	吴小玲
市级	市优秀班主任	翁毅群
市级	市优秀班主任	卢健红
市级	市优秀班主任	钟飞辉
市级	市优秀班主任	梁少兰
市级	市优秀班主任	徐焕华

续表

级别	获得荣誉称号	教师姓名
市级	市优秀班主任	黄海燕
市级	市优秀班主任	黄少敏
市级	市优秀班主任	陆肖娟
市级	市优秀班主任	梁敏
市级	市优秀班主任	李峥
市级	市优秀辅导员	赵家蕊
市级	市优秀辅导员	徐飞飞
市级	市优秀辅导员	邱育红
市级	市优秀教育工作者	吴小玲
市级	市骨干教师	杨雪柏
市级	市骨干教师	岳红云
市级	市十佳少先队辅导员	李爽
市级	市教坛新秀	刘虹云
市级	市技术创新能手	戴虹
市级	市优秀团员	黄少敏
市级	最美教师	程敏
市级	最美教师	徐飞飞

Ⅲ：怡园小学行政干部芳名录

姓名	时间	职位
冯咏韶	1989 年 7 月—1997 年 8 月	校长
王晋荣	1997 年 8 月—2002 年 7 月	校长
关希玮	2002 年 8 月—2004 年 8 月	校长
崔景华	1994 年 1 月—1995 年 8 月	办公室主任
	1995 年 9 月—1997 年 8 月	副校长
	2004 年 9 月—2016 年 4 月	校长
袁超	2016 年 4 月至今	校长

续表

姓名	时间	职位
尹素政	1992 年 11 月—1994 年 4 月	副校长
邬婉仪	1992 年 9 月—1997 年 8 月	总务处主任
	1997 年 9 月—2004 年 1 月	副校长
邹福良	2000 年 7 月—2004 年 8 月	副校长
	2002 年 9 月—2004 年 8 月	工会主席
马海生	1992 年 9 月—1996 年 8 月	少先队大队辅导员
	1996 年 9 月—2000 年 8 月	教导处主任
	2002 年 9 月—2003 年 8 月	副校长
陈宏文	2004 年 8 月—2005 年 9 月	副校长
刘玲萍	2003 年 2 月—2004 年 7 月	教导处主任
	2004 年 9 月—2011 年 9 月	副校长
孙冬梅	2004 年 12 月—2006 年 8 月	教导处主任
	2006 年 9 月—2009 年 8 月	副校长
温丽珍	1998 年 9 月—2004 年 8 月	少先队大队辅导员
	2009 年 9 月—2010 年 8 月	副校长
蔡英华	2011 年 9 月—2017 年 3 月	副校长
陈素彬	2006 年 9 月—2011 年 8 月	教导处主任
	2011 年 9 月至今	副校长
陈志强	2003 年 11 月—2012 年 8 月	总务处主任
	2012 年 9 月—2016 年 8 月	副校长
陈建明	2003 年 9 月—2017 年 8 月	教导处副主任、人事干部、总务处主任
	2017 年 9 月至今	副校长
林少群	2012 年 1 月—2017 年 8 月	教导处主任
	2017 年 9 月至今	副校长
袁美琪	1989 年 9 月—2001 年 11 月	工会主席
	1992 年 9 月—2001 年 11 月	教导处主任

续表

姓名	时间	职位
张惠琼	1989 年 8 月—1992 年 8 月	教导处主任
邹青茂	1989 年 9 月—1991 年 8 月	少先队大队辅导员
黄瑞萍	1991 年 9 月—1992 年 8 月	少先队大队辅导员
车笑英	1992 年 9 月—1997 年 8 月	教导处主任
黎杰明	1997 年 9 月—2000 年 8 月	总务处主任
曾伟冰	2000 年 7 月—2004 年 8 月	教科研主任
黄忠华	2000 年 8 月—2003 年 8 月	教务处主任
黄世杰	2000 年 9 月—2003 年 7 月	总务处主任
黄静娴	2004 年 9 月—2007 年 8 月	少先队大队辅导员
	2007 年 9 月—2010 年 2 月	教导处副主任
	2010 年 2 月—2012 年 2 月	办公室主任
	2012 年 3 月—2013 年 2 月	工会主席兼办公室主任
戴江静	2012 年 9 月—2016 年 8 月	办公室主任兼人事干部
郑伟	2013 年 9 月—2016 年 8 月	教导处副主任
梁少兰	2011 年 9 月—2015 年 7 月	教导处副主任
	2015 年 8 月—2017 年 8 月	教导处主任
黄誉	2014 年 9 月—2016 年 8 月	少先队大队辅导员
陆瑞莲	2009 年 9 月—2014 年 8 月	少先队大队辅导员
	2014 年 9 月—2017 年 9 月	教导处副主任
	2017 年 9 月至今	德育处主任
郑扬清	2016 年 9 月至今	办公室主任兼人事干部
杨雪柏	2016 年 9 月—2017 年 8 月	教导处副主任
	2017 年 9 月至今	教导处主任
翁毅群	2017 年 9 月至今	总务处主任
符成武	2016 年 9 月至今	总务处副主任
戴虹	2017 年 9 月至今	教导处副主任

续表

姓名	时间	职位
徐飞飞	2011 年 9 月—2017 年 8 月	少先队大队辅导员
	2017 年 9 月至今	德育处副主任
李苑	2017 年 11 月至今	教导处副主任
李爽	2017 年 11 月至今	德育处副主任
韩小鹰	2016 年 9 月至今	少先队大队辅导员
周子雯	2017 年 9 月至今	少先队大队辅导员

Ⅳ：怡园小学校歌《追梦未来》

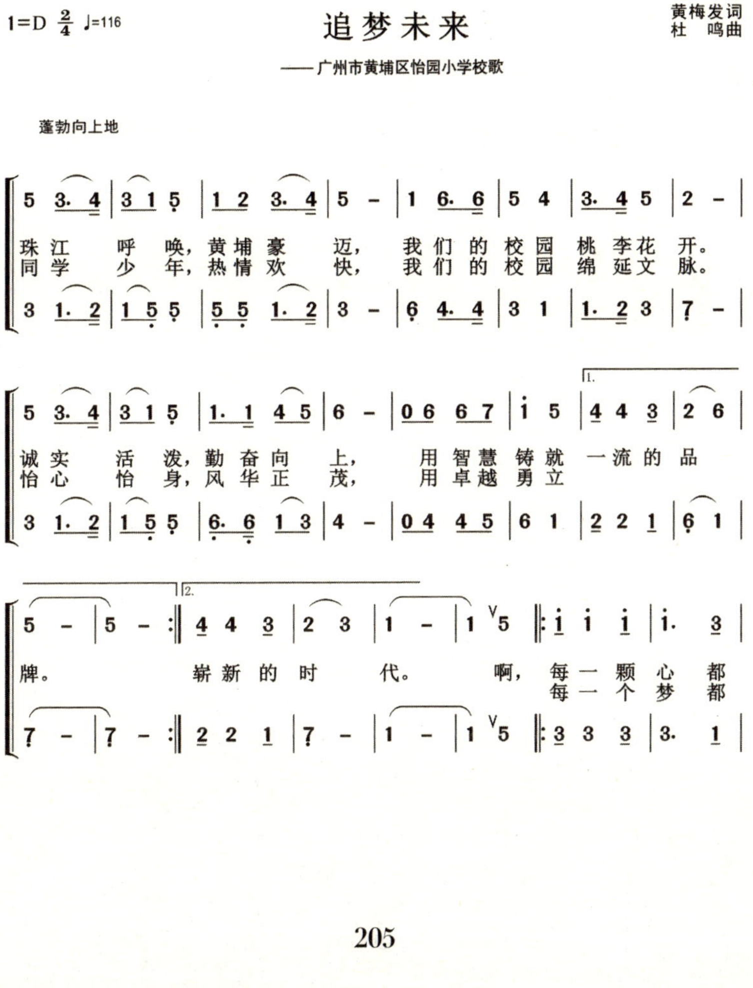

1=D 2/4 ♩=116

追梦未来

——广州市黄埔区怡园小学校歌

黄梅发词
杜 鸣曲

蓬勃向上地

珠江呼唤，黄埔豪迈，我们的校园桃李花开。
同学少年，热情欢快，我们的校园绵延文脉。

诚实活泼，勤奋向上，用智慧铸就一流的品牌。
怡心怡身，风华正茂，用卓越勇立

崭新的时代。啊，每一颗心都
每一个梦都

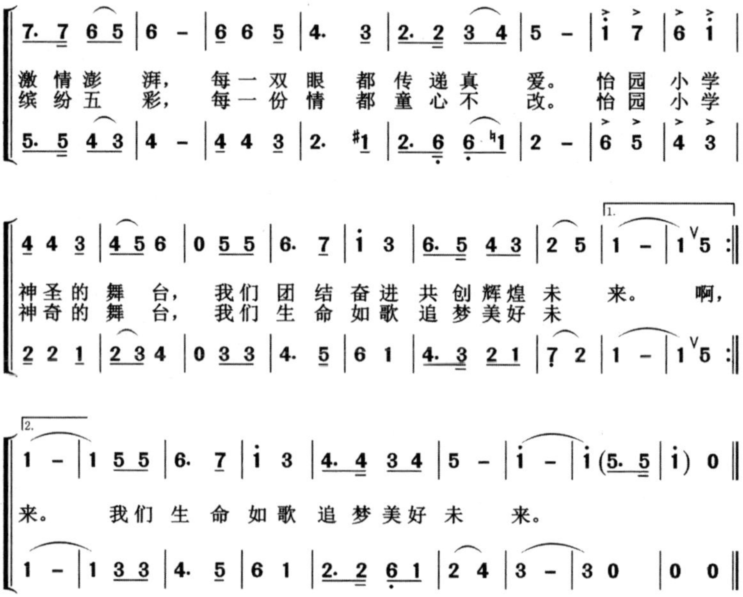

7. 7 6 5 | 6 – | 6 6 5 | 4. 3 | 2. 2 3 4 | 5 – | 1̇ 7 | 6 1̇ |

激情澎湃，每一双眼都传递真爱。怡园小学
缤纷五彩，每一份情都童心不改。怡园小学

5. 5 4 3 | 4 – | 4 4 3 | 2. #1 | 2. 6 6 ♮1 | 2 – | 6 5 | 4 3 |

4 4 3 | 4 5 6 | 0 5 5 | 6. 7 | 1̇ 3 | 6. 5 4 3 | 2 5 |[1.] 1 – | 1 5 :‖

神圣的舞台，我们团结奋进共创辉煌未来。啊，
神奇的舞台，我们生命如歌追梦美好未

2 2 1 | 2 3 4 | 0 3 3 | 4. 5 | 6 1 | 4. 3 2 1 | 7 2 |[1.] 1 – | 1 5 :‖

[2.] 1 – | 1 5 5 | 6. 7 | 1̇ 3 | 4. 4 3 4 | 5 – | 1̇ – | 1̇ (5. 5 | 1̇) 0 ‖

来。我们生命如歌追梦美好未来。

1 – | 1 3 3 | 4. 5 | 6 1 | 2. 2 6 1 | 2 4 | 3 – | 3 0 | 0 0 ‖